Lieblings-plätze

TÖLZER LAND —
TEGERNSEE — SCHLIERSEE

Lieblings- plätze

TÖLZER LAND — TEGERNSEE — SCHLIERSEE

GMEINER

HEIKE HOFFMANN / STEFAN BOES

Autoren und Verlag haben alle Informationen geprüft. Gleichwohl wissen wir, dass sich Gegebenheiten im Verlauf der Zeit ändern, daher erfolgen alle Angaben ohne Gewähr. Sollten Sie Feedback haben, bitte schreiben Sie uns! Über Ihre Rückmeldung zum Buch freuen sich Autoren und Verlag: lieblingsplaetze@gmeiner-verlag.de

Sofern nicht im Folgenden gelistet, stammen alle Bilder von Heike Hoffmann und Stefan Boes. Für die Hilfe bei Text und Bild danken die Autoren Andreas Schumann und Manfred Kaiser.
Alpenregion Tegernsee-Schliersee, Dietmar Denger 10, 14; Kulturamt Miesbach, Mathias Leidgschwendner 12; Dinzler 18; Angelika Prem, Hennererhof 20; FreilichtmuseumWasmeier, Dieter Schnöpf, Puchheim 24; Lantenhammer 28; Priska Büttel, Jagerhaus Gmund 30; Jod-Schwefelbad Bad Wiessee 42; Alpenregion Tegernsee Schliersee 66; Erste Tegernseer Kaffeerösterei, Rolf Lang 78; Alpenregion Tegernsee Schliersee; Simon Koy 80; Tourist Information Walchensee, Thomas Kujat, makrohaus 100; Gaby Pfluger 106; Bezirk Oberbayern, Archiv FLM Glentleiten, Jochen Eckert 108; Stie-Alm, Hans Eder 146; Stadt Bad Tölz, Heinz Hirz 150; Stadtwerke Bad Tölz GmbH 158; Tölzer Marionettentheater, Albert Maly-Motta 160; Klosterbrauerei Reutberg 164; TOBEL 178

QR-Code einscannen und kostenloses E-Book anfordern.

Besuchen Sie uns im Internet:
www.gmeiner-verlag.de

2. Auflage 2021
© 2020 – Gmeiner-Verlag GmbH
Im Ehnried 5, 88605 Meßkirch
Telefon 07575/2095-0
info@gmeiner-verlag.de

Lektorat/Redaktion: Christine Braun
Herstellung: Julia Franze
Umschlaggestaltung: Benjamin Arnold
unter Verwendung der Illustrationen von © SimpLine – stock.adobe.com;
© Miceking – stock.adobe.com; © Octopus182 – stock.adobe.com; © Marina – stock.adobe.com; © geschmacksRaum® – stock.adobe.com; © barneyboogles – stock.adobe.com; © Sylwia Nowik – stock.adobe.com; © askaja – stock.adobe.com; © Katrin Lahmer; © Benjamin Arnold
Kartendesign: © Maps4News.com/HERE
Druck: AZ Druck und Datentechnik GmbH, Kempten
Printed in Germany
ISBN 978-3-8392-2630-8

1

Lederwarengeschäft Moser
Fraunhoferstraße 6
83714 Miesbach
08025 2248

Oberlandhalle – Zuchtverband Miesbach
Zuchtverband 1
83714 Miesbach
08025 28080
www.zuchtverband-miesbach.com

EIN STÜCK BAYERISCHE KULTUR
Lederwarengeschäft Moser inmitten der Altstadt

Was das einzigartige Bild von Bayern und das des Alpenbogens zwischen Tölzer Land und Schliersee prägt, sind Lebensflair, intaktes Handwerk, Geschichtsbewusstsein und naturnahe Genusswelten. Nahezu alles verbindet sich in Miesbach zu einem voralpinen Schaubild. Die Altstadt steht unter Ensembleschutz, zwischen Stadtplatz und Marktplatz reihen sich historische Gebäude in großer Pracht aneinander, dank eines Höhenunterschieds gleicht das Ortsbild einer Dächerlandschaft. In verwinkelten Gassen finden sich noch Trachtenbetriebe, auf kleinen Plätzen lassen sich Häuser in voralpiner Architektur entdecken, darunter das Lederwarengeschäft Moser. Wer zuschauen will, wie eine Hirschlederhose entsteht, sollte einfach vor dem Schaufenster der Säcklerei von Monika und Ferdinand Moser in der Fraunhoferstraße stehen bleiben. Dort gibt es nichts von der Stange, alles ist handgefertigt und Mosers Lederhosen haben weltweit Kundschaft – gewissermaßen ist das Lederwarengeschäft Moser ein Global Player mit bayerischer Kultur im Angebot.

In vielerlei Hinsicht hat die Kreisstadt Miesbach einen Namen: beim Fleckvieh, hier gezüchtet und in alle Kontinente exportiert, als Wiege der Trachtenbewegung, überall gelebt und sichtbar, als Ort einer kurfürstlichen Brauerei sowie der alten Salzstraße von Rosenheim nach Tölz und natürlich als Geburtsstätte des zeitgenössischen Malers Christian Schad (1894–1982). Wilhelm von Maxlrain erbaute hier im Jahr 1611 ein Schloss, der Stuckateur Johann Baptist Zimmermann (1680–1758) lebte als normaler Bürger im 18. Jahrhundert in Miesbach, 1812 wurde Miesbach von König Max I. Joseph das Marktwappen verliehen und 1918 durch König Ludwig III. zur Stadt erhoben – zu jeder Zeit und jeder Gelegenheit wären Mosers Lederhosen das richtige Kleidungsstück gewesen.

SB

Ein besonderes Schauspiel sind die Zuchtvieh- und Nutzkälberversteigerungen, die donnerstags ab 9.00 Uhr in der Miesbacher Oberlandhalle stattfinden. Das sollten Sie einmal erlebt haben.

2

Bauernmarkt Miesbach
Marktplatz
83714 Miesbach
08025 70000 (Tourist-Info)
www.miesbach-
tourismus.de

BioGut Wallenburg
Wallenburg 79a
83714 Miesbach
08025 996465
www.biogut-wallenburg.de

AUS DEM FÜLLHORN DER REGION
Bauernmarkt Miesbach

Markttag ist immer ein besonderer Tag. Da herrscht quirliges Leben, wo es sonst eher ruhig zugeht, und das schon von aller Herrgottsfrühe an. Die Marktleute bauen ihre Stände auf und zaubern üppige Kisten voller frisch geernteter Gemüse, Obst und knackigen Salatköpfen aus ihren Fahrzeugen. Eine hiesige Bäuerin packt Blumensträuße und Gartenpflanzen aus, die Blumen stammen aus Natur und Garten, nicht vom Großmarkt. Zwischendrin werden natürlich Neuigkeiten und Komplimente ausgetauscht, der hübsche Stand gelobt, die gute Ware. Alle Köstlichkeiten der Region versammeln sich nach und nach am Miesbacher Marktplatz. Bauernhofgeflügel und frische Eier, Räucherfisch, Kaminwurzen, Wildfleischschinken, Lamm und Bauernenten. Käse darf natürlich nicht fehlen, genauso wenig wie selbst eingelegtes Gemüse, Marmeladen von Früchten aus Streuobstwiesen oder von Beeren aus dem Bauerngarten. Wenn man Glück hat beziehungsweise früh dran ist, kann man eines der begehrten Holzofenbrote ergattern. Ratscht man mit den Marktfrauen, bekommt man jede Menge Tipps und Rezepte gratis dazu.

Wanderer oder Radler, die Miesbach nur kurz besuchen, finden hier eine Verpflegung für ihre Tour oder ein kulinarisches Mitbringsel für zu Hause. Alle anderen können jeden Donnerstagvormittag die Einkäufe fürs Wochenende sichern. Wenn man noch Zeit oder gar Urlaub hat, sollte man sich in eines der Cafés setzen, dem Treiben zusehen und überlegen, was man die nächsten Tage aus all den Köstlichkeiten zubereiten möchte. Oder man beschließt den Marktvormittag im urigen Weißbräustüberl am Marienplatz bei Weißwurst und dem dazugehörigen Weißbier. Das Obergärige kommt hier natürlich von der ortsansässigen Brauerei Hopf, die ausschließlich diese bayerische Bierspezialität braut.

HH

Auch das BioGut Wallenburg hat einen Stand auf dem Bauernmarkt. Biopflanzen, Kräuter, Obst, Gemüse und den guten Wallenburger Hofkäse kann man dort oder im Laden beim Gut erwerben.

Aus der Zeit des Jugend-
stils stammt das alte
Fenster über dem Haupt-
eingang.

**Waitzinger Keller –
Kulturzentrum**
Schlierseer Straße 16
83714 Miesbach
08025 70000
www.waitzinger-keller.de

AUS DER GESCHICHTE GEBOREN
Waitzinger Keller – Kulturzentrum

Bayern versteht sich als Kulturstaat. Den Auftrag, Kultur zu fördern und zu überliefern, schrieb sich der Freistaat in seine Verfassung, weshalb landesweit Gemeinden, Städte, Landkreise, Bezirke und das Land einen bestimmten Prozentsatz ihres Etats der Kultur zugutekommen lassen. Museen und Kultureinrichtungen sowie Bürger- und Kulturhäuser prägen daher das öffentliche Bild in Bayern.

Miesbach verfügt da über eines der schönsten Kulturzentren überhaupt. Die Stadt hatte das Glück, in den 1980er-Jahren den Waitzinger Keller erstehen zu können. Der ist im wahrsten Sinn des Wortes historisch, denn das 1877 mit großen Tonnengewölben errichtete Brauereigebäude wurde während der Jahrhundertwende um einen Jugendstilsaal erweitert und konnte ab 1994 in dreijähriger Bauphase zum modernen Kulturzentrum umgebaut werden. Das repräsentative Haus zählt zu den führenden seiner Art in Oberbayern – mit einzigartigem Flair, zwei Spielebenen und weitläufigen Gewölben, einer groß angelegten Bühne, deren bespielbare Fläche die größte in der Region ist, einem Orchestergraben, zwölf Bühnenzügen, kopfbewegten Scheinwerfern, einer neuen Tonanlage und vielem mehr. Innovative Technik und zeitgemäßes Ambiente unter dem Dach des Jugendstils – das ist einzigartig in Bayern und weit darüber hinaus.

Dass dort große Kultur stattfindet, nimmt nicht wunder. Der Waitzinger Keller ist Stammsitz des Freien Landestheaters Bayern, das Oper und Operette in eigener Regie und Inszenierung zur Aufführung bringt. Auch regionale Bands fühlen sich hier heimisch. Außerdem findet im Waitzinger Keller alljährlich ein internationales Harfenfestival statt. Kabarett, Theater, Kunst und Marktgeschehen ergänzen das umfangreiche Programm des außergewöhnlichen Kulturzentrums, das weit über Miesbach hinausstrahlt.

SB

In Miesbach erblickte Christian Schad, ein Maler der Neuen Sachlichkeit, im Jahr 1894 das Licht der Welt. Auf der Waldeckerhöhe erinnert vor seinem Geburtshaus, der Fohr-Villa, eine Gedenktafel an ihn.

4

Kaffeerösterei Dinzler
Wendling 15
83737 Irschenberg
08025 992250
www.dinzler.de

WELCH EIN DUFT IN DER LUFT
Kaffeerösterei Dinzler

Dem Namen Dinzler begegnet man immer wieder, wenn man gerne genießt. Denn viele gute Restaurants oder auch regionale Gasthöfe mit gepflegter Kaffeekultur brühen den Kaffee aus Irschenberg. Die Rösterei liegt nahe der Autobahn München–Salzburg. Warum also nicht, wenn wieder mal Stau ist, einfach einkehren und sich vom Kaffeeduft auffrischen lassen. Der weht stets im Haupthaus der Rösterei, es gibt in der gemütlich-trendigen Kaffeebar natürlich einen schnellen Espresso und dazu ein kleines Gebäck.

Doch das gastronomische Angebot von morgens bis abends ist köstlich und vielfältig. Ab 7 Uhr schon kann man frühstücken – Variante *Bergluft* mit Schinken- und Wurstspezialitäten oder *Dahoam*, unter anderem mit Käse der Naturkäserei TegernseerLand –, sogar bis in den Nachmittag hinein. Sodann werden den ganzen Tag über kleine und größere Speisen angeboten, vom warmen oder im Sommer geeisten Süppchen über köstliche Vorspeisen und Salate hin zu Fleisch- und Fischgerichten, Businessmenüs und Fast Lunch für eilige Reisende. Eine nette Kinderkarte mit hausgemachten Chicken Nuggets oder dem *Räuberteller* lässt auch bei den Kleinen keine Wünsche offen. Mit Pizza und herzhaften Crêpes kann der Reisehunger ebenfalls gestillt werden. Abends warten edle Fisch- und Fleischgerichte wie Wolfsbarsch oder Dry Aged Steak auf Gäste, die sich bei schönem Wetter auf der Sonnenterrasse niederlassen können.

Vor lauter gutem Essen sollte man natürlich den Kaffee nicht vergessen – der *Bohnenladen* hat sieben Tage die Woche geöffnet. Man findet dort Kaffee aus allen namhaften Kaffeeanbaugebieten, teils biologisch angebaut und fair gehandelt. Mild, säurearm oder kräftig, geeignet für die verschiedensten Varianten der Kaffeezubereitung vom wieder in Mode gekommenen Handaufguss bis zu Espresso.

HH

Die Dinzlersche Kaffeeakademie bietet Baristakurse für Hobbygenießer und Profis an. Sein Kaffeewissen kann man aber auch online vertiefen.

Hennererhof
Hennererstraße 36
83727 Schliersee
08026 9229964
www.hennerer.com

Schliersbergalm
Talstation Seilbahn
Dekan-Maier-Weg 10
83727 Schliersee
08026 6722
www.schliersbergalm.de

BLUMENWIESE AUF DEM TELLER
Hennererhof

Der Hennererhof der Familie Prem bietet sich als gemütlicher Abschluss einer Berg- oder Mountainbike-Tour an. Dort sitzt man von Freitag bis Sonntag in der Wiese oder an den Tischen direkt am Haus und genießt hausgebackene Kuchen, Kaffee, ein kühles Getränk und dazu vielleicht eine Brotzeit mit Käse der Obermooser Biohofkäserei aus Irschenberg. Die Kuchen werden mit dem bekömmlichen Dinkelmehl der Leitzachmühle gebacken, die Eier legen die eigenen Hühner, so manche Früchte stammen aus dem Bauerngarten direkt am Hof, den man bewundern kann. Bunt durcheinander, wie es sich gehört, wachsen hier Beeren, Gemüse, Kräuter und vor allem essbare Blüten, die die Speisen verzieren oder auch zu Sirups verarbeitet werden.

Die wiederum werden im Hofladen angeboten, neben dem klassischen Holunderblütensirup auch Malven- oder Rosenblütensirup. Mit Sekt aufgegossen hat man eine köstliche Aperitif-Alternative zum üblichen *Hugo*. Oder man genießt die ausgezeichneten Selbstangesetzten wie Vogelbeer-, Mirabellen- oder Goldmelissenlikör. Meist ohne Alkohol kommen die kreativen Fruchtaufstriche daher: Stachelbeer-Apfel, Aronia-Zwetschge oder Schwarze Johannisbeere pur. Zu Gelee werden Waldmeister oder Löwenzahnblüten verarbeitet. Angelika Prem ist Kräuterpädagogin und gibt ihr Wissen gerne weiter, entweder in Führungen durch den Bauerngarten und rund um den Hof oder in Kräuterseminaren, in denen dann Tees, Tinkturen, Essenzen oder Kräuterkissen hergestellt werden, deren Heilwirkung sie erläutert.

Zu den eigenen Produkten kommen weitere Spezialitäten der Region wie Honig, Destillate, Käse oder das Bauernhofeis vom Beindlhof bei Wackersberg. Wer bleiben möchte, kann sich in der Ferienwohnung des Hofes einmieten.

HH

Vom Ort Schliersee aus fährt eine Seilbahn auf den Schliersberg. Kehren Sie dort in der Schliersbergalm ein und genießen den Blick über den Schliersee. Mutige nehmen die Sommerrodelbahn zurück ins Tal.

6

Slyrs Caffee & Lunchery
Bayrischzeller Straße 13
83727 Schliersee-Neuhaus
08026 9228920
www.slyrs.com

Hoamat Gfui
Lautererstraße 4
83727 Schliersee
08026 7805153
www.hoamatgfui.de

KÖSTLICHES VOM »SLYRSEE«

Slyrs Caffee & Lunchery

Es dürfte eine der pfiffigsten Ideen gewesen sein, den ersten Whisky in Bayern zu destillieren. Unglaublich, aber wahr: Der gelernte Bierbrauer Florian Stetter reist nach Schottland und wettet einen Kasten Weißbier, dass es ihm gelingen wird, das rauchige Malzdestillat auch in den Alpen herzustellen. Gesagt, getan, mit Malz kennt sich der Brauer ohnehin aus. Dafür wird Getreide, meistens Gerste, befeuchtet, so dass die Körner keimen. Die Keimung bewirkt einen Anstieg der Zuckeranteile im Getreidekorn. Sodann werden die Körner – im Falle von Whisky über Rauch – getrocknet. Anschließend wird vergoren und schließlich langsam und gekonnt destilliert. Doch noch ist das Ganze kein Whisky, denn Geschmack und Finesse bekommt das Destillat durch Lagerung in Fässern. Wie dies alles vor sich geht, kann man in Neuhaus besichtigen.

Seit 2016 werden hier auch Leute glücklich, die sich aus Hochprozentigem nichts machen, denn da wurde der Betrieb durch ein wunderbares Tagesrestaurant, Slyrs Caffee & Lunchery, ergänzt. Hier gibt's im stylishen Restaurant oder auf der herrlichen Terrasse mit Wendelsteinblick Frühstück, Kaffee und Kuchen sowie ausgezeichnetes Essen, mal mit, mal ohne Whiskybezug. Im reschen Brot steckt Whiskytreber, im hausgemachten Müsli Knuspermalz, Speck reift mit Whisky, das flüssige Gold würzt Marmeladen und sogar Salatsoßen. Die meisten Zutaten für Frühstück, Snacks und Mittagessen kommen aus der Region, man wirtschaftet so ökologisch wie möglich und vermeidet Plastik – die Getränkehalme etwa sind aus Zuckerrohr. Für Frühstück und Brunch gibt es alles, was das Herz begehrt. Die Wochenkarte bietet Suppen, Brotzeit, belegte Vinschgerl und eine kleine Auswahl an warmen Gerichten wie Whisky-Flavored Bolognese, Rindersteak oder einfach nur Würstl mit Kartoffelsalat.

HH

Nette Accessoires und regionale Handwerkskunst gibt es im Laden von Julia Zilken mit dem treffenden und charmanten Namen *Hoamat Gfui* in Schliersee.

7

Markus Wasmeier
Freilichtmuseum
Brunnbichl 5
83727 Schliersee-Neuhaus
08026 929220
www.wasmeier.de

# VON DER SKIPISTE INS MUSEUM
Markus Wasmeier Freilichtmuseum

Das denkmalgeschützte Elternhaus des Olympiasiegers war der Grundstock für das Museumsdorf, das heute zu den beliebten Attraktionen für Groß und Klein des sonst doch recht beschaulichen Schliersees gehört. Auf sechs Hektar Fläche kann man inzwischen viele Höfe und andere Gebäude sehen, sogar ein Kircherl gibt es. Es sind vor allem Bauernhäuser, die ehemals an anderen Orten im Oberland standen und fürs Freilichtmuseum Wasmeier hier restauriert und wiederaufgebaut wurden. Die meisten kann man auch von innen besichtigen, so dass das bäuerliche Leben früherer Zeiten erlebbar wird. Viel Wert legt man auf alte Handwerkskunst, die in Vorführungen lebendig wird: Korbflechter und Schmiede, Filzer, Schuster und sogar Edelweißschnitzer.

Viel Genusshandwerk findet man ebenso. Die Museumsbäckerei backt Holzofenbrot und Vinschgerl, der Brauer braut das Museumsbier, bisweilen gar in Kursen, für die man sich unbedingt zeitig anmelden sollte. Dazu kommen Feste wie zum Beispiel das Musikantentreffen oder die Bauerngartentage, das Erntedankfest und Kirchweih – der Reigen schließt mit Leonhardi, wo zu Ehren des Schutzheiligen von Vieh und Ross geschmückte Kutschen von prächtigen Pferden durch Schliersee gezogen werden. In Markus Wasmeiers Freilichtmuseum ist an diesem Tag der Eintritt frei.

Doch was wäre ein Dorf ohne Wirtshaus? Der Museumswirt heißt *Beim Wofen*. Hier wird das Museumsbier frisch gezapft ausgeschenkt, dazu gibt es allerlei bayerische Schmankerl wie Schweinsbraten mit Museumsbiersoße und Knödel, Saures Lüngerl mit Semmelknödeln, Brotzeiten sowie Kaffee und Kuchen. Gemüse und Kräuter stammen, soweit die Ernte reicht, aus dem eigenen Gemüse- und Kräutergarten, die anderen Produkte werden überwiegend aus der Region bezogen.

HH

Es gibt vergünstigte Kombi-Tickets für das Wasmeier Freilichtmuseum und beispielsweise die Slyrs-Destillery, die Schliersberg- oder Wallbergbahn. Mehr unter www.tageserlebnis-ticket.de.

8

Naturspielplatz
Kurweg
83727 Sch iersee

Café Milchhäusl
Kurweg 4
83727 Schliersee
08026 4676
www.milchhaeusl-
schliersee.de

STRANDFEELING FÜR GROSS UND KLEIN
Naturspielplatz Schliersee

Dies ist ein wirklicher Geheimtipp für Familien mit Kindern und für Großeltern, die den Kindern gerne beim Spielen zuschauen und dabei vielleicht selber auf unglaublich bequemen Liegen in die Sonne blinzeln möchten. Unbedingt empfehlenswert auch für jene, die allzu viel buntes Plastik nicht mehr sehen können und den Kleinen die Möglichkeit geben wollen, selber zu entdecken, miteinander zu spielen und auf spannenden Spielgeräten ihre Kletterkünste auszuprobieren.

Alte Bäume beschatten das großzügige Areal direkt am Ufer des Schliersees mit seinem herrlichen Bergpanorama. Der ganze Spielplatz ist mit feinem Sand ausgestreut und damit ein riesiger Sandkasten für die ganz Kleinen. Dazu kommt ein Wasserspielplatz mit flachem Ufer, so dass auch jüngere Kinder ungefährdet spielen können. Die Wippen, Schaukeln und Klettergerüste sind allesamt aus naturbelassenem Holz, dicken Seilen oder Ketten. Auf Balanciersteigen und Schwebebalken können die Kinder ihr Gleichgewichtsgefühl trainieren, auf kleineren und größeren Schaukeln in den Himmel schweben, während die Großen sich auf einer der sogenannten Himmelsliegen ausstrecken. Der feine Sand matscht auch bei schlechtem Wetter nicht allzu sehr. Bei Dauerregen liegt eine Alternative gleich nebenan: das Vitalbad.

Kein Wunder also, dass der Naturspielplatz Schliersee zum schönsten Spielplatz Oberbayerns gekürt wurde.

Mit Eis, Getränken, Snacks und anderen Kleinigkeiten kann man sich am Kiosk direkt neben dem Spielplatz versorgen. Größeren Hunger stillt das Café Milchhäusl, nur wenige Fußminuten entfernt. Hier gibt's Kaffee und Kuchen, typisch bayerische Mehlspeisen, aber auch Bier, Brotzeit und kleine Gerichte für jene, die nicht zu den süßen Schleckermäulern gehören.

HH

Sowohl der Spielplatz als auch das Café Milchhäusl liegen ganz nah am schönen historischen Bahnhof von Schliersee; lassen Sie also das Auto zu Hause und fahren mit der Bahn.

9

**Erlebnisdestillerie
Lantenhammer**
Josef-Lantenhammer-
Platz 1
83734 Hausham
08026 92480
www.lantenhammer.de

**Stallhofer-Ausstellung im
Gasthof Staudenhäusl**
Agatharied 10
83734 Hausham
08026 929450
www.hausham.de

# KLARER BLICK HINTER DIE KULISSEN
Erlebnisdestillerie Lantenhammer

Wo manche Brenner recht geheimnisvoll tun, ist bei Lantenhammer alles offen. Nur eine Glasscheibe trennt den Verkaufsraum von der Wirkungsstätte des Chefdestillateurs Tobias Maier und seines jungen Teams. Wer zuschauen will, kann das jederzeit tun; man sieht die Brenner bei der Arbeit, kann die Fässer und Glaskolben bestaunen, in denen die Brände reifen, oder auch an einer Führung teilnehmen.

Lantenhammer ist Tradition und unglaublich quirlige Lebendigkeit in einem. Alle Voraussetzungen für solides (Genuss-)Handwerk sind hier gegeben, Höhenflüge erreicht man durch das Fördern der Kreativität der Destillateure. Dass man bei Lantenhammer wie in einer großen Familie zusammenarbeitet, ist nicht nur werbewirksame Behauptung – man spürt, dass dies auch gelebt wird. Beste Qualität erbringt darüber hinaus die sorgsame Auswahl der Früchte. In einem schlechten Obstjahr gibt es eben keinen Marillen- oder Zwetschgenbrand. Da ist man konsequent. Selbstverständlich wird keiner der Edelbrände gestreckt oder durch irgendwelche Verfahren im Geschmack verstärkt. Nur pure Natur befindet sich in den Gärtanks für die Maische, die dann schonend und professionell gebrannt wird.

Wie erfolgreich das Zusammenspiel von Tradition und einem aufgeschlossenen und augenzwinkernden Umgang mit der Moderne sein kann, führt Lantenhammer immer wieder vor. Es ist noch nicht lange her, dass in der kleinen Destillerie jemand auf die Idee kam, den ersten bayerischen Whisky zu brennen. Die Kreativität des Teams hob vor noch nicht allzu langer Zeit den *Wodka Bavarka* aus der Taufe. Und der wiederum ist die Basis eines ganz neuen Produkts aus Maiers Werkstätte: ein kräftiger, intensiv nach Wacholder duftender bayerischer Gin.

HH

Landschaftsbilder, Fresken und viele andere Kunstwerke schuf der Haushamer Restaurator Josef Stallhofer (1908–1993). Die Ausstellung ist jeden ersten Samstag im Monat und nach Vereinbarung geöffnet.

10

Jagerhaus Gmund
Seestraße 2
83703 Gmund am
Tegernsee
Führungen: 08022 937810
oder 08022 7234
www.jagerhaus-gmund.de

Cristallino
Miesbacher Straße 1
83703 Gmund am
Tegernsee-Dürnbach

LANGEWEILE AUSGESCHLOSSEN
Jagerhaus Gmund

Idyllisch liegt das Jagerhaus Gmund am Ufer der Mangfall. Es ist Geschichts- und Kulturstätte. Einerseits finden hier Ausstellungen, Vorträge und Konzerte statt, darunter die *gmundart*, ein Schaubild zeitgenössischer Künstlerinnen und Künstler. Andererseits erzählen ästhetische Exponate wie ein filigran gearbeiteter Hochzeitsschrank oder eine Kultschale aus dem zweiten Jahrtausend vor Christus von einer facettenreichen Ortsgeschichte. In der spielten Industrie und Handwerk eine ebenso große Rolle wie Trachten und Schützen, zudem Persönlichkeiten wie der Mechanikus Johann Baptist Mannhardt oder die Erbauer der Reichenhaller Soleleitung Hanns und Simon Reiffenstuel. Das kleine Museum spannt den Bogen weit – Langeweile ausgeschlossen.

Dramatisch die Geschichte um das Jagerhaus an sich. 1793 vom Metzger Franz Quirin Auracher erbaut erwarb es 1822 der königliche Revierjäger Mayer Johann. Bekannt als »Wilder Jager von Gmund« bekämpfte er die Wilderei, wobei er sich teils gezwungen sah, Menschen zu erschießen, darunter den jugendlichen Menthen Sepp. Die Wellen schlugen hoch, Mayer wurde zu zwei Monaten Haft verurteilt, doch der König erließ ihm die Strafe, was ortsansässige Burschen nicht davon abhielt, sich in der berüchtigten »Jägerschlacht im Grund« an Mayer zu rächen. Der »Wilde Jager von Gmund« wurde schwer verletzt und verstarb an den Folgen.

Danach wechselte das Jagerhaus oft den Besitzer, bis die Gemeinde es 1989 erwarb und dem Verein der Heimatfreunde Gmund am Tegernsee e.V. zur musealen und kulturellen Nutzung übergab. Ein Glücksfall, denn heute ist das Jagerhaus ein Erzählort der besonderen Art, nicht nur in der authentischen Wohnstätte des »Wilden Jagers«, sondern auch dank vieler historischer Ebenen und Epochen, die darin Erwähnung finden und Geschichte unvergessen machen.

SB

Die Tradition der Eisdielen ist groß am Tegernsee. Alle auszuprobieren erfordert Ausdauer und kulinarische Kenntnis – das Cristallino in Gmund-Dürnbach erweitert das Spektrum um kreative Momente.

11

**Panoramawanderweg
Gmund bis Tegernsee**
Start: Bahnhof Gmund
Wiesseer Straße 5
83703 Gmund am
Tegernsee

Oberbuchberghof
Gasse 39
83703 Gmund am
Tegernsee
08022 3117
www.oberbuchberghof.
jimdofree.com

ALPENÜBERQUERUNG TEIL EINS
Panoramawanderweg Gmund bis Tegernsee

In der Tat: Am Bahnhof in Gmund am Tegernsee beginnt oder endet einer der bekanntesten Fernwanderwege über die Alpen von Bayern nach Italien. Soweit dies möglich ist, suchte man sanfte, möglichst leichte bis mittelschwere Wanderwege, um vom Tegernsee ins südtiroler Städtchen Sterzing zu kommen.

Wir jedoch bleiben am Tegernsee und genießen einfach den ersten Abschnitt von Gmund nach Tegernsee. Wegen der herrlichen Blicke auf den See und des imposanten Bergpanoramas empfiehlt es sich, in Gmund zu beginnen und Richtung Süden zu wandern. Natürlich geht's zunächst steil bergauf, aber nicht lang. Man wandelt so quasi zwischen See und Himmel auf hübschen Wanderwegen fernab vom Verkehrslärm vorbei an schmucken Bauernhöfen, saftigen Weiden und bunten Blumenwiesen. In eineinhalb oder höchstens zwei Stunden erreicht man den Ort Tegernsee.

Nun bieten sich mehrere Möglichkeiten: Man stärkt sich im Bräustüberl und kehrt per Zug oder – noch viel schöner – mit dem Schiff nach Gmund zurück. Oder man plant noch etwas Zeit ein und besucht den Oberbuchberghof etwa drei Kilometer südlich von Gmund. Der Hofladen mit »Verzehrbereich« bietet Frühstück am Samstagvormittag, Brotzeit mit Aufstrichen, Käse von der Naturkäserei TegernseerLand und selbstgebackene Kuchen mit Eiern von den eigenen Hühnern, dazu Cappuccino von Dinzler aus Irschenberg und Milch von glücklichen Weidekühen. Außerdem sind im Hofladen eigene Produkte wie Marmeladen oder Nudeln und so manche regionale Köstlichkeit anderer Manufakturen der Gegend erhältlich. Hinter dem etwas spröden Ausdruck »Verzehrbereich« versteckt sich eine höchst gemütliche, kleine Stube und ein herrlicher Garten mit bunten Tischen und Blumen. Tegernseeblick gibt es dann wieder wenige Hundert Meter weiter auf dem Weg in den Süden.

HH

Der Oberbuchberghof verkauft auch Produkte der Wildkräuterwerkstatt von Ursl Schwarzenböck aus Bad Wiessee, die keinen eigenen Laden hat. Informationen unter www.wildes-kraut.com

12

**Gasthof Herzog
Maximilian**
Tegernseer Straße 3
83703 Gmund am
Tegernsee
08022 7059377
www.gasthof-maximilian.de

Regionalladen *machtSINN*
Raiffeisenstraße 8
83607 Holzkirchen
08024 6088924
www.machtsinn.bayern

HISTORIE ZUM GENIESSEN
Gasthof Herzog Maximilian

Es mag ein wenig seltsam klingen, wenn man Besuchern eines Gast-hauses empfiehlt, unbedingt die Waschräume aufzusuchen. Sollte man beim Gasthof Herzog Maximilian mitten in Gmund aber tun, denn auf drei großen Fotocollagen ist die Geschichte, genauer gesagt die der Renovierung oder noch besser gesagt Rettung des stattlichen Hauses dokumentiert.

Ein »Schandfleck«, sagen viele Gmunder, war das jahrzehnte-lang leer stehende Gebäude, Regen drang ein, die historische Bau-substanz wurde morsch. In letzter Minute wurde es gerettet, als das Herzogliche Brauhaus Tegernsee das marode Gebäude erwarb. Von der alten Substanz war wenigstens noch so viel erhalten, dass man Decken und Fenster originalgetreu nachbauen konnte. Schritt für Schritt wurde das riesige Gebäude saniert und wer heute in der Gaststube steht, der glaubt, in einer original historischen Wirtschaft zu sein.

Zum bayerischen Gasthof gehört nicht nur Bier, sondern auch traditionelle Küche, die hier aufs Beste gepflegt wird. Man findet auf der Speisekarte alles, was Liebhaber bayerischer Traditionsküche be-gehren: Schweinsbraten mit Knödl und Krautsalat, paniertes Kalbs-schnitzel oder Rindsrouladen. Auf der Brotzeitkarte findet man Obatzda, Weißwürste, Wurstsalat und Sülze mit Bratkartoffeln. Be-merkens- und empfehlenswert ist das opulente Brotzeitbrettl, hübsch angerichtet und mit köstlichem Hausbrot serviert. Modern und schlank kommen Bistecca mit Rucola oder wirklich frische und opu-lente Salatteller daher. Auch bei der Tageskarte gelingen Ausflüge in andere Küchen mit Gazpacho, Couscous oder Vitello Tonnato. Viele Gerichte gibt's als kleine oder große Portion, so dass man Vor- und Hauptspeisen kunterbunt mischen kann, ohne dass der freundliche Service zu nörgeln anfinge.

HH

Regionale Produkte, Brotzeit und täglich wechselnde Biogerichte gibt es im wunderbaren Regionalladen *machtSINN* mit Bistro auch nach dem Umzug nach Holzkirchen.

13

**Büttenpapierfabrik
Gmund und Papier Shop**
Mangfallstraße 5
83703 Gmund am
Tegernsee
08022 75000
www.gmund.com
Besichtigung über die
Tourist-Information
08022 7060350

VON HIER AUS IN DIE WELT

Büttenpapierfabrik Gmund und Papier Shop

Wer eine Flasche des berühmten Champagners öffnet, den auch Film-figur James Bond gern bestellt, umgreift zunächst ein elegantes Etikett in zartgrauer Färbung und damit ein Papier aus Gmund. Das ist schon der erste Genuss, optisch und haptisch, denn Produktionen der Büttenpapierfabrik Gmund sind weltweit gefragt wegen ihrer Oberfläche, ihres Designs und ihrer besonderen Präzision. Einige Zeit – von 2013 bis 2016 – zog Papier aus Gmund sogar gen Hollywood und war geeignet, einen Preis zu erhalten: Wenn sich damals bei der Verleihung des Oscars der goldene Umschlag mit den Gewinnern öffnete, stammte das Goldpapier aus Gmund.

Seit 1829 besteht die Büttenpapierfabrik Gmund. Hin und wieder wechselte der Besitzer, doch der Anspruch, hochwertige Papiere zu produzieren, blieb stets derselbe. Heute werden 110.000 niemals gleiche Papiere gefertigt, unterschiedlich in Farbe, Gewicht, Prägung, Wasserzeichen und Größe. Etwa 140 Mitarbeiter arbeiten in Verwaltung und Vertrieb sowie in drei Schichten an abwechselnd zwei Maschinen. Die brauchen bestimmte Rohstoffe, einst Textilien und Lumpen plus Wasser, heute hochwertige Zellstoffe und immer noch gutes Wasser wie das der Mangfall unterhalb der Fabrik. Modernste Technik reinigt das Wasser auf Ozonbasis, eigene Kraftwerke und Solarzellen produzieren Energie, fast so viel, wie benötigt wird. Früher, als es zwischen Tegernsee und Rosenheim noch 26 Papierfabriken gab, hatten die den Ruf, Wasser und Energie zu verschleudern. Der Ruf der Fabriken hat sich verbessert, aber heute sind es derer nur noch vier. Eine davon ist die Büttenpapierfabrik Gmund, die sich dank hochwertiger Qualität gehalten hat. Wie anspruchsvoll der Fertigungsprozess ist, lässt sich bei Führungen nachvollziehen. Wie ästhetisch Papier sein kann, zeigt ein Schauraum – der Gmund Papier Shop.

SB

Eine Papierfabrik ist auch Louisenthal. Sie produziert den Euro und Währungen für die ganze Welt. Folgen Sie dem Geruch des Geldes bis zum Ende der Mangfallstraße und erhaschen Sie einen Blick von außen.

14

Gut Kaltenbrunn
Kaltenbrunn 1
83703 Gmund am Tegern-
see
08022 1870700
www.feinkost-kaefer.de/
gutkaltenbrunn-wirtshaus

Information zum
Musikfest Kreuth:
08029 9979080
www.musikfest-kreuth.de

BELLEVUE UND SCHÖNER KLANG
Gut Kaltenbrunn und das Internationale Musikfest Kreuth

Schon Ludwig Erhard, der Vater des deutschen Wirtschaftswunders und kurzzeitige Bundeskanzler der noch jungen Republik, liebte diesen Blick von der Nordspitze des Tegernsees über das Tal hinweg zu den blauen Bergen. Er ließ sich hier ein Haus erbauen und bewohnte es viele Jahre lang, in Gmund fand er auf dem Bergfriedhof seine letzte Ruhestätte.

Auch von Gut Kaltenbrunn ist der Blick ein ähnlich prominenter. Im 8. Jahrhundert sollen dort die fürstlichen Herren Adalbert und Otkar gejagt und gefischt haben, bis sie das gegenüberliegende Kloster Tegernsee gründeten und dem Benediktinerorden beitraten. Das Gut ging in den Besitz des Klosters über, nach der Säkularisation fiel es im Jahr 1821 an die Wittelsbacher. Die bauten es zu einem Vierseithof mit Herrenhaus, Stallungen und Gesindehof aus und betrieben in dem Anwesen eine königliche Rinderzucht. Allerdings nicht lang, Gut Kaltenbrunn wurde zum Reitstall und zur Gastwirtschaft und gelangte 1975 in den Besitz eines Münchner Immobilienunternehmers. Damit begannen die Irrungen und Wirrungen. Die Besitzer und Pächter wechselten häufig, heute wird es als gehobenes Wirtshaus mit Gastgarten betrieben – der Blick jedoch ist geblieben.

Einen guten Eindruck davon vermittelt das Internationale Musikfest Kreuth, das seit mehr als drei Jahrzehnten Weltstars an den Tegernsee holt. Anfangs traten der Violinist Oleg Kagan und die Cellistin Natalia Gutman noch in Wildbad Kreuth auf, danach kamen namhafte Solisten wie der Pianist Evgeny Kissin, der Bühnen zwischen New York und Wien bespielt. Heute folgen Pianisten wie Lisa Smirnova oder Jan Lisiecki dem Ruf des Internationalen Musikfestes, das mittlerweile in der Tenne von Gut Kaltenbrunn seine zentrale Heimat gefunden hat – so wurde der schöne Blick auch ein schöner Klang.

SB

Das Strandbad Kaltenbrunn können Sie am besten zu Fuß oder per Fahrrad erreichen, folgen Sie einfach dem Uferweg. Es hat zwar ein Kiesufer, doch dahinter erstrecken sich schattige Wiesen.

15

Boarhof
Max-Obermayr-Weg 6
83707 Bad Wiessee-Holz
08022 271425
www.brotzeit-leben.de

DEM PARADIES GANZ NAH
Boarhof – Hofladen und Hofcafé

Am besten, man wandert die kurze Strecke vom Tegernsee hinauf zum Hof. Dann schreitet man durch eine Allee uralter Bäume und wird vielleicht von den Schweinen begrüßt, die hier ein herrliches Leben unter freiem Himmel neben dem Gemüsefeld haben und sich nach Herzenslust im Schlamm suhlen dürfen. Neugierige Äuglein beobachten die Besucher, deren Blick zu Blumen, Salaten und Gemüse wandert. Bunt durcheinander wächst hier alles, doch das Durcheinander hat Sinn. Angebaut wird nach den Prinzipien der Permakultur, ausgesät werden nur samenfeste, bewährte und zum Teil beinahe verloren gegangene Sorten. Die Tiere des Hofes helfen mit – die Schweine graben das Gemüsefeld um, das Federvieh labt sich an Schneckeneiern und Fallobst; es sind übrigens Zweinutzungs-Hühner, das bedeutet, dass die Damen Eier legen, die im Hofladen verkauft oder zu Feingebäck verwendet werden, und die männlichen Tiere ebenfalls aufgezogen werden. Außerdem halten die Bogners Murnau-Werdenfelser Rinder.

Im »Salettl« oder im Garten gibt es herrliche Brotzeiten, von Maria Bogner liebevoll mit essbaren Blüten und Kräutern dekoriert, kleine Gerichte oder auch eine wärmende Suppe in der kalten Jahreszeit – alles bio und fast alles aus eigener Produktion. Schon alleine das Holzofenbrot, das jede Woche frisch gebacken wird, ist die Reise wert. Uriges Bauernbrot oder knusprige Ciabatta und Vinschgerl begleiten Kaminwurzen, Käse von der Naturkäserei TegernseerLand oder hausgemachten Topfen mit Gartenkräutern.

Im Hofladen finden sich die Produkte des Biohofs, ergänzt wird das Sortiment durch Produkte von Partnerbetrieben der Region, so dass man hier oben, mit herrlichem Blick auf Berge und See, einen Gutteil seines Wocheneinkaufs erledigen kann.

HH

Vom Boarhof wenige Hundert Meter weiter Richtung Bad Wiessee liegt rechts eine malerische Kapelle, auf deren Wänden mehrere Jahrhunderte Geschichte dokumentiert sind – weitergeführt bis in die heutige Zeit.

16

**Gesundheitszentrum
Jod-Schwefelbad**
Wilhelminastraße 2
83707 Bad Wiessee
08022 86080 (Anmeldung)
www.jodschwefelbad.de

ALLES NUR EIN IRRTUM
Jod-Schwefelbad

Genau genommen beruht das Jod-Schwefelbad Bad Wiessee auf einem Irrtum. 1909 bohrte ein holländischer Ingenieur nach Öl und fand einen Gesundbrunnen, die stärkste Jod-Schwefel-Quelle Deutschlands, bestens geeignet für balneologische Zwecke. Nur ein Jahr später wird ein erstes Heilbad verabreicht, 1912 ein Badehaus eröffnet. Die Zahl der Anwendungen wächst und wächst, parallel dazu das Jod-Schwefelbad. 1930 wird erneut gebohrt und wieder quillt gesundes Wasser aus 700 Meter Tiefe an die Oberfläche. Es ist 300.000 Jahre alt, der Gehalt an Jod und Schwefel unvergleichbar hoch, ein Bad darin gesund für Menschen mit Hautkrankheiten und zu niedrigem oder zu hohem Blutdruck sowie für Asthmatiker, Rheumapatienten und Allergiker. Allein 1935 finden 160.000 Behandlungen statt und wieder wächst das Jod-Schwefelbad. 1956 erfolgt die Einrichtung eines Inhalatoriums mit Augenabteilung, 1958 die eines Besprühungsbades, 1978 wird eine weitere Quelle erschlossen.

Dann jedoch, Anfang dieses Jahrtausends, macht der allgemeine Rückgang des Kurbetriebs der Wiesseer Quelle zu schaffen. 2001 übernimmt die Gemeinde das Jod-Schwefelbad und beauftragt ein Kurviertel-Konzept. Im Rahmen dessen soll es saniert, modernisiert und baulich neu formuliert werden. Der international mehrfach ausgezeichnete Architekt Matteo Thun erhält den Zuschlag. 2020 präsentierte sich das Jod-Schwefelbad erstmals im veränderten Gewand und definiert seither die Wiesseer Heiltradition in völlig neuen Formen. Matteo Thun verbindet natürliche Materialien mit Lichtachsen und räumlichen Öffnungen. Letztlich inszeniert er die Heilbehandlung als haptische und optische Wahrnehmung. Neben die Wirkung des Heilwassers tritt die meditative Wirkung der Architektur – in der neuen Form ist das Jod-Schwefelbad nicht nur Heilstätte vieler Krankheiten, sondern auch der Sinne.

SB

Manchmal sind die einfachsten Dinge die schönsten – mit einer »Heißen Rolle« lässt es sich im neuen Jod-Schwefelbad wohlig wärmen und schlichtweg besser leben.

17

Aquadome
Überfahrtweg 13
83707 Bad Wiessee
Information:
www.tegernsee-
schliersee.de

DER GELEBTE SEE
Aquadome

890 Hektar misst die Fläche des Tegernsees, bis zu 72 Meter tief kann er sein, die größten Zuläufe sind die Weissach und die Rottach und durchschnittlich 18 Monate vergehen, bis sich das Wasser des Sees vollständig erneuert und über die Mangfall abgegeben wird. Renke, Forelle, Rotauge, Schleie, Barsch oder Hecht fühlen sich darin heimisch. In Bad Wiessee führt ein Aquadome über 20 Fischarten des Tegernsees vor Augen. Dabei handelt es sich nicht um ein Aquarium, das Wasser im Kreislauf filtert und wieder zuführt, sondern um eine Schauanlage, deren 60.000 Liter fassende Becken ständig frisches Wasser erhalten. Schließlich mögen es die Fische des Tegernsees kühl und sauerstoffreich. Darauf achtet die Fachberatung für Fischerei des Bezirks Oberbayern zusammen mit dem Landesfischereiverband, die für den Fischbesatz sorgen und das Aquadome unterhalten.

In Anlehnung an den See unterteilen sich die Becken des Aquadomes in Wasserzonen. Das Ufer zum Beispiel bietet Brut- und Aufzuchträume, dort tummeln sich Rotfeder, Barsch, Brachse, Bitterling und zur Laichzeit Hecht und Karpfen. Davor liegt die Freiwasserzone mit tierischem Plankton und Fischen, die das mögen, zum Beispiel Renken beziehungsweise im etwas lichteren Wasser Seesaibling und Seeforelle. Die obere Bodenzone führt Rutte und Koppe mit sich, die tiefe Bodenzone ist von Muscheln und Schnecken bedeckt und wird von der Renke und der Seeforelle sowie vom kleinwüchsigen Seesaibling bewohnt.

Im Aquadome werden die Wasserzonen nachgestellt. Becken für Becken erschließt sich der Fischbestand des Tegernsees, Schautafeln erzählen über die natürlichen Zusammenhänge, die Fischarten brauchen, um zu überleben. Der Eintritt zum Aquadome ist frei, der Panoramablick darin führt dazu, den See nicht mehr nur als Oberfläche zu sehen, sondern als gelebten Raum.

SB

Neben dem Aquadome werden im Bruthaus Renken, Seeforellen und Saiblinge herangezogen, die sich unter heutigen Umweltbedingungen nicht mehr fortpflanzen können – einmal groß geworden, werden sie ausgesetzt.

18

Thai-Stüberl im Hotel Bussi Baby
Sanktjohanserstraße 46
83707 Bad Wiessee
08022 8670
www.bussibaby.com

Fischerei Bistro
Überfahrtweg 15
83707 Bad Wiessee
08022 857495
www.fischerei-tegernsee.com

VON WEGEN RENTNERORT

Thai-Stüberl im Hotel Bussi Baby

8182 war die alte Postleitzahl von Bad Wiessee. Die jüngeren Zeitgenossen bemerkten damals reichlich spöttisch, Bad Wiessee sei der einzige Ort Deutschlands, dessen Postleitzahl das Durchschnittsalter der Bevölkerung angebe. Deutschlands stärkste Jod-Schwefelquelle befindet sich hier, so dass der Ort als Kurbad bekannt war.

Doch nicht nur die Quelle, auch der Wiesseer Hof zog und zieht noch immer viele Gäste an, in den urigen Stüberln gab's gehobene bayerische Küche. Das Hotel wechselte den Besitzer, die Stüberl sind geblieben. Doch hat sich viel verändert – die Zimmer wurden renoviert, mit Wänden und Möbeln aus der angesagten Zirbenkiefer. Die darin enthaltenen ätherischen Öle sorgen, so sagt man, für guten Schlaf, der im Bussi Baby auch kurz sein kann, denn man wendet sich an junge Leute: Partygänger, aber auch Familien und Kinder sind willkommen.

Der neue Hotelbesitzer hat Erfahrung, denn Korbinian Kohler ist auch Eigner des ersten Hauses am Tegernsee, dem Bachmair Weissach mit Mizu Onsen Spa (auch die jungen Bussi-Gäste haben Zutritt). Im Bachmair gibt es ein erlesenes (und teures) japanisches Restaurant, denn bayerische Schmankerl kann man am Tegernsee ja zur Genüge genießen. So entstand das Thai-Stüberl im Bussi Baby, geöffnet für alle, mit moderaten Preisen und frischer thailändischer Küche, die an den letzten Urlaub in Südostasien erinnert. Das Interieur ist ein witziger Mix aus Stüberl-Atmosphäre mit modern-kreativen Details, ein gewollter Spagat zwischen König Ludwig und Thailand. In der Küche verwandelt Lucky Tongtong heimisches frisches Gemüse in hausgemachte Frühlingsrollen oder Curries (mit Hühnchen, Rind, Fisch oder Tofu) mit viel originalen Thai-Kräutern und Gewürzen. Mango-Sorbet mit Ingwer oder frittiertes Kokoseis mit Minze runden den Asia-Abend am Tegernsee ab.

HH

Die Fischerei Tegernsee betreibt in Wiessee ein Bistro – dort gibt es frischen Fisch aus dem Tegernsee, aber auch Austern, Meeresfisch und Champagner in lässiger Atmosphäre.

19

Herzogliches Bräustüberl Tegernsee
Schlossplatz 1
83684 Tegernsee
08022 4141
www.braustuberl.de

WARTEN AUF 4.000 EIMER BIER
Herzogliches Bräustüberl Tegernsee

Die Geschichte des einstigen Klosters im Tegernseer Tal reicht von Benediktinern bis zu Königen. Heute ist es Schloss, Gymnasium, Brauerei und Bräustüberl. Wie einst bestimmt der Bau die Kulisse des Sees. 746 als Benediktinerabtei gegründet und bald darauf mit Reliquien des heiligen Quirinus versehen wuchs Tegernsee schnell heran zu einem der größten Klöster in Bayern mit Besitzungen im gesamten Um- und Alpenland sowie Weingütern in Südtirol und der Wachau. Gleichzeitig war Kloster Tegernsee ein kulturelles Zentrum, beispielsweise der Glas- und Buchmalerei. Ein angelsächsisches Gedicht wurde hier erstmals übersetzt und im 11. Jahrhundert entstand ein Epos, das als Vorläufer des höfischen Ritterromans gilt.

Der Kern der Klosterkirche St. Quirinus stammt ebenfalls aus dem 11. Jahrhundert, Chor und Langhaus kamen im 15. Jahrhundert hinzu. Enrico Zuccalli barockisierte sie 1678, Johann Baptist Straub und Hans Georg Asam statteten sie reichhaltig aus, Leo von Klenze versah sie 1820 mit einer klassizistischen Fassade. Da war sie schon Schlosskirche. Die Säkularisation bedeutete auch für Tegernsee eine Zäsur. Klostersammlungen gingen in staatliche Hand über, St. Quirinus war nicht mehr Klosterkirche und der restliche Besitz wurde verkauft beziehungsweise ausgeschlachtet, bis König Max I. Joseph schließlich die verbliebene Anlage 1817 erwarb und daraus eine Sommerresidenz der Wittelsbacher machte. Aus dem Kloster wurde ein Schloss, das in Teilen von einem Zweig der Wittelsbacher bewohnt wird. Zudem nahm es ein Gymnasium auf sowie die traditionsreiche Brauerei mit ihrem herzoglich-bayerischen Sommerkeller, in dem noch 1840 mehr als 4.000 Eimer Bier lagerten. Genau dort fand auch das Herzogliche Bräustüberl Tegernsee seinen Platz – das Bier wird heute einfach direkt ausgeschenkt.

SB

In Tegernsee waren in den Jahren 1820 und 1872 zwei bedeutende Gartenkünstler tätig – Friedrich Ludwig von Sckell und Carl von Effner gestalteten den Landschaftsgarten rund um das Tegernseer Schloss.

20

Seepromenade mit Steg
Start: von der Hauptstra-
ße entlang des Alpbachs
Richtung See
83684 Tegernsee
08022 9273860 (Tourist-
Info)

Fischerei Tegernsee
Seestraße 42
83684 Tegernsee
08022 156
www.fischerei-
tegernsee.com

ÜBERS WASSER SCHREITEN
Seepromenade mit Steg

Dieser Beitrag ist eine flammende Aufforderung, öffentliche Verkehrsmittel zu benutzen. Am Tegernsee sind alle Orte entweder mit der Bahn, die von München aus im Stundentakt fährt, mit dem Bus oder mit dem Schiff erreichbar. So gut es geht, hat man Radwege um den ganzen See herum angelegt. Und damit die Fußgänger sich nicht zwischen Autokolonnen hindurchzwängen müssen, kam man vor einigen Jahren auf die wunderbare Idee, einen langen Steg um den Ortskern herum über das Wasser zu bauen. Die Idee entstand als pfiffige Notlösung, denn Seeanrainer wollten keinen Grund für die Verbindung der Teile der Seepromenade hergeben.

Nun kann man in den Seeanlagen vom Alpbach Richtung Rathaus spazieren und kommt, ohne wie früher auf die Straße mit viel zu engem Gehweg ausweichen zu müssen, am Café Seehaus vorbei zum Rathausplatz. Hier herrscht im Sommer südliches Flair, Cafés haben ihre Tische draußen, die Menschen flanieren oder nippen am Aperitif. Das Café Seehaus gleich beim Rathaus bietet sich dazu an; vormittags gibt's Frühstück und später dann kleine Gerichte italienischen Ursprungs und Tapas, so dass dem Urlaubsfeeling nichts entgegensteht. Das historische Rathaus stammt aus dem beginnenden 20. Jahrhundert, diente lange Jahre als Schulhaus und steht unter Denkmalschutz. Von dort geht's weiter zur Schlosspromenade mit Schlosspark; man passiert die Schlossbrennerei, das Bräustüberl ist nicht weit und landet schließlich bei der Fischerei Tegernsee mit Verkaufsladen. Hier erhält man fangfrische und veredelte Fische aus dem Tegernsee. Besonders empfehlenswert der Matjes aus Saibling oder Forelle oder der edle Saiblings-Kaviar. Mit etwas Glück bekommt man Seeforellen oder die seltene Rutte, die klares, kühles Wasser braucht.

HH

Bei der Fischerei Tegernsee bekommt man auch Angelkarten, für Besucher ideal sind Tages- oder Wochenkarten.

21

Olaf-Gulbransson-Museum
Kurgarten 5
83684 Tegernsee
08022 3338
www.olaf-gulbransson-museum.de

EIN LEBEN AM FJORD
Olaf-Gulbransson-Museum

Als der 1873 in Norwegen geborene Zeichner und Maler Olaf Gulbransson erstmals den Tegernsee erblickte, da war er tief berührt von dessen Harmonie und Schönheit. Sofort fühlte er sich heimisch und nannte ihn seinen Fjord. 1902 holte ihn der Verleger Albert Langen in die Redaktion der legendären Satirezeitschrift *Simplicissmus*. Seine Zeichnungen sollten für Furore sorgen. In München lebte Gulbransson zunächst im geliebten »Kefernest« am Englischen Garten, 1929 erwarb er den Schererhof hoch über dem Tegernsee – und schaute fortan täglich auf seinen Fjord. Dort verstarb er 1958 im 86. Lebensjahr. Er hinterließ ein breites zeichnerisches und grafisches Werk, darüber hinaus viele zart gemalte Porträts und Landschaften, die dem Jugendstil verhaftet sind, verhalten in der Farbgebung und ausdrucksstark in der vertieften Strichführung. Außergewöhnliche Arbeiten, die einen musealen Auftritt suchten und auch fanden.

1965 wurde im Beisein von Ludwig Erhard, der einst in Gmund am Tegernsee wohnte, der Grundstein für das Olaf-Gulbransson-Museum gelegt. Schirmherren wurden Bundespräsident Theodor Heuss und Bundeskanzler Ludwig Erhard. Für den Museumsbau konnte Sep Ruf als Architekt gewonnen werden, der damals just den modernen Kanzlerbungalow in Bonn umgesetzt hatte. Auf ihn geht der Atriumbau zurück, der den Kern des heutigen Museums darstellt. Nach der Fertigstellung der Bauarbeiten im Jahr 1966 wurde das Museum in den 1970er-Jahren dem Freistaat Bayern übergeben, der seither dort eine Filialgalerie der *Bayerischen Staatsgemäldesammlungen* unterhält. In den letzten Jahren konnte sich das Museum unterirdisch erweitern, weshalb nun ausreichend Platz für Arbeiten von Olaf Gulbransson sowie für wechselnde Ausstellungen besteht. Ein Leben am Fjord hat sein Museum gefunden.

SB

Lassen Sie sich in Tegernsee nicht das alljährliche Bergfilm-Festival entgehen. Mitte Oktober bespielt es verschiedene Säle im Ort und zeigt Bergfilme aus der ganzen Welt.

22

**Schlossbrennerei
Tegernsee**
Schloßplatz 1e
83684 Tegernsee
08022 4560
www.schlossbrennerei-
tegernsee.de

# FRISCHER WIND MIT EDLER NOTE

Schlossbrennerei Tegernsee

Man möchte es kaum glauben, aber dort, wo jetzt schön eingedeckte Tische unter weißen Sonnenschirmen stehen, war bis vor noch nicht allzu langer Zeit ein Parkplatz. Die Autos hat man verbannt, der Platz fast direkt am See wurde Gastgarten der aus alten Mauern neu entstandenen Schlossbrennerei. Das Haus Wittelsbach, Eigentümer des Gebäudes, entschloss sich, die alten Gemäuer behutsam zu renovieren. In den uralten Gewölben des ehemaligen Klosters Tegernsee, deren Fundamente auf das Jahr 746 zurückgehen, befand sich die Mälzerei der Tegernseer Brauerei. Daraus wurde ein Restaurant, renoviert durch die besten Handwerker der Region. Eigens für dafür fertigte ein Schreiner Tische und Stühle aus heimischen Hölzern, Kernstück und Namensgeber des Restaurants aber ist die glänzende Apparatur in der Mitte des Raumes, die Brennblase.

Hier wirkt inzwischen die Destillerie Lantenhammer aus Hausham und in der Küche zaubert der bekannte Koch Johann Rappenglück vornehmlich gehobene bayerische Küche. Beispielsweise Tafelspitz im Wurzelgemüsesud mit Apfel-Meerrettich, echtes Wiener Schnitzel vom Kalbsrücken oder Rinderfilet. Der Fisch aus dem Tegernsee kommt mit Tomatenrisotto und Safranschaum daher. Unwiderstehlich die hausgemachten Maultaschen mit Kalbsfüllung. Doch es gibt auch Brotzeiten mit Käse von der Naturkäserei TegernseerLand oder mit luftgetrockneten Schinken und Salami, dann des Wirtes eigenhändig gemachter Obatzda von großer Klasse, aber auch Sardinen aus Sylt. Knusperfans bestellen Flammkuchen, klassisch mit Speck oder in vegetarischen Varianten. Natürlich rundet eine Tageskarte mit Spezialitäten der jeweiligen Jahreszeit das Angebot ab. Köstlich auch die Desserts wie Bayerische Creme mit frischen Beeren oder Apfel-Crumble.

HH

Die Wandmalereien stammen vom bekannten Lüftlmaler Peter Wimmer aus Schliersee, der auch das Restaurant im Leeberghof oder den Gasthof Herzog Maximilian in Gmund gestaltete. Mehr unter www.lueftlmaler.eu.

23

Tegernseer Waldfest
Schmetterlingsgarten
am Schloss
83684 Tegernsee
Informationen zu allen
Waldfesten am Tegernsee
unter www.wa dfest.de

Tegernseer Woche
08022 9273860
(Tourist-Info)
www.tegernsee-
schliersee.de

DIE AUSGEWÄHLTEN TAGE
Tegernseer Waldfest

Mittsommernacht und Sonnwendfeier sind weltweit Tradition und Kult. Schließlich ist die Nacht kurz und der Tag lang. Die Vereine rund um den Tegernsee haben daraus eine Spezialität gemacht. Mit Beginn des ersten Sommerwochenendes richten sie reihum wechselnde Waldfeste aus. Die haben es in sich. Weitläufig und urwüchsig ist der Ort, an dem ein Waldfest steigt, beispielsweise das Tegernseer Waldfest. Hier belegen die ortsansässigen Vereine den städtischen Schmetterlingsgarten – Schmetterlingsgefühle erwünscht. Ein ganzes Wochenende lang wird gefeiert im schönsten aller Dresscodes, nämlich in Tracht. Die kann variieren, wie der Mensch darin. Kulinarisch bestens versorgt und musikalisch nie allein gelassen wird auf gut bayerisch gegessen, getrunken, getanzt und geschuhplattelt, rund um die Uhr. Das geht in Arme und Beine sowie in Muskeln, die vorher noch nicht da waren.

Weitere Waldfeste werden organisiert vom Skiclub Bad Wiessee am ortseigenen Weltcuphang sowie vom Gebirgs-Trachten-Erhaltungs-Verein *Hirschbergler* in Rottach-Egern. Der Verein schlägt vor, währenddessen den Wallberg zu ersteigen und danach in den Tegernsee zu springen. Legendär ist das Waldfest des Skiclubs Rottach-Egern mit der Bar am Bach unter freiem Himmel – in der Regel geht dort die Sonne auf. Zum Leonhardstoana Hof lädt der FC Kreuth ein und erweitert sein sportliches Programm um Los- und Schießbuden sowie um eine Kindereisenbahn – schließlich soll der Nachwuchs mitfeiern, es gibt ja noch eine Zukunft nach der Gegenwart. Gegen Ende der Saison wird am Skilift in Gmund gefeiert – mit Sommerrodelbahn und Klettergarten.

Bei allen Waldfesten herrscht feierliches Leben. Wem das zu viel wird, ist für den Tegernsee nicht gemacht – zumindest nicht an ausgewählten Tagen.

SB

Ende September verbindet die *Tegernseer Woche* Konzerte, Führungen und Lesungen zu einem Festival, das verschiedene Museen und Kirchen sowie den Barocksaal bespielt.

24

Tegernsee Arkaden
Seestraße 20
83684 Tegernsee
08022 6639009
www.tegernseearkaden.de

Museum Tegernseer Tal
Seestraße 17
83684 Tegernsee
08022 4978
www.museumtegern-
seertal.de

DAS MITBRINGSEL-PARADIES
Tegernsee Arkaden

Es ist eine schöne Sitte, sich selbst oder lieben Freunden aus dem Urlaub etwas mitzubringen. So wird die Erinnerung an die schönen Tage verlängert oder geteilt. Daher war es eine wirklich gute Idee, mitten im Ort Tegernsee, gleich neben dem Bräustüberl, im Jahr 2015 die Tegernsee Arkaden zu eröffnen.

An der *Genussbar* kann man so manche Köstlichkeit direkt probieren oder bei Kaffee und Kuchen oder wechselnden Tages- gerichten überlegen, was man schließlich erwerben möchte. Der Kaffee kommt natürlich von der Ersten Tegernseer Kaffeerösterei, Schokolade und Pralinen von der *Schokoladenquelle Eybel*, das Bier (und jede Menge Accessoires rund ums bayerische Kultgetränk) stammen vom Herzöglichen Brauhaus Tegernsee. Der Wein vom Bio-Weingut St. Quirinus wächst zwar nicht in Bayern, sondern bei Kaltern in Südtirol. Dort hatte das Kloster Tegernsee ehemals Besitztümer. Ebenfalls von dort stammen so manche Früchte, die in der Destillerie Lantenhammer zu Hochprozentigem verarbeitet werden. Andreas Essendorfer aus Irschenberg wiederum sammelte die Rezepte seiner süßen und pikanten Kreationen im Glas in der ganzen Welt.

Aus Neuhaus am Schliersee kommt Slyrs, der erste bayerische Whisky. Der wiederum (oder ein Haselnussschnaps von Lantenham- mer) würzt den Speck der Speck-Alm der Familie Ettenhuber, die auf über 1.400 Metern Höhe das Fleisch regionaler Schweine ver- edelt. Käse und Milchprodukte der Naturkäserei TegernseerLand dürfen natürlich nicht fehlen. Für die Gesundheit kann man Kräuter und Tees von Herbaria oder Salben von Sixtus erwerben. Und das edle Gmund Papier ist hier selbstverständlich auch erhältlich.

Die Räumlichkeiten sind hell und freundlich, bei schönem Wet- ter kann man sich auf der gemütlichen Terrasse niederlassen.

HH

Gleich gegenüber den Arkaden führt Sie der Weg zum Museum Te- gernseer Tal. Im Alten Pfarrhof von Tegernsee informiert es über die Kultur und Geschichte der Region.

25

**Berggastronomie
Lieberhof**
Neureuthstraße 52a
83684 Tegernsee
08022 4163
www.lieberhof.de

TAFELN WIE THOMA UND GULBRANSSON
Berggastronomie Lieberhof

Der Lieberhof hat Tradition. Schon Olaf Gulbransson und Ludwig Thoma speisten hier mit großer Vorliebe. Der eine, Gulbransson, bewohnte den Schererhof in nächster Nähe, der andere, Thoma, die Tuften auf gleicher Höhe am Ortsrand von Tegernsee. Ihr Weg zum Lieberhof war nicht weit und sie kamen gern. Kein Wunder, denn hier wurde schon immer gut gelebt und der Blick von der Terrasse ist außergewöhnlich. Er schweift über das Kloster hinweg nach Bad Wiessee und Rottach-Egern. Unten gleiten Boote und Schiffe über das Wasser, das Rumoren des Sees mit seinen Geschäften und Straßen ist weit entfernt, die Sonne hält sich lang. Der Lieberhof liegt auf 900 Meter Höhe und damit deutlich über dem Tegernsee, weshalb alles entrückt zu sein scheint.

Das gilt nicht für die Speisen, die der Lieberhof bereithält. Die sind bodenständig und beziehen sich auf die Geschichte des Tegernseer Klosters mit seinen alten Rezepturen und Techniken. Der Lieberhof entstand vor über tausend Jahren als Bauernhof der Benediktinerabtei zur Versorgung ihrer Mönche. Auch nach der Schließung des Klosters 1810 wurde der Lieberhof weiter bewirtschaftet, bis die Landgemeinde Tegernsee ihn 1918 in eine Berggaststätte umwandelte. Die zum Teil historische Inneneinrichtung kann so manche Geschichte erzählen, Pächter blieben lang, heute führt das Team vom Tegernseer Leeberghof Regie. Hausgebackenes Brot mit Mehl aus einer nahen Mühle, Schinken von der Spitzingseer Gams, Roastbeef vom Chiemgauer Fleckvieh, Jungbulle in Tegernseer Dunkelbiersauce oder Vegetarisches und Veganes aus heimischen Gärten stehen auf dem Speiseplan. Die Weinkarte orientiert sich an früheren Liegenschaften der Abtei und die Bierauswahl am Angebot der Tegernseer Klosterbrauerei. Der Lieberhof war schon immer ein gottbegnadeter Ort und ist es auch nach langer, wechselvoller Zeit.

SB

Der Weg zum Lieberhof führt am Tegernseer Bahnhof vorbei, an ausgewählten Tagen Haltepunkt historischer Dampfzugfahrten des Bayerischen Localbahn Vereins. Die Termine finden Sie unter www.localbahnverein.de.

26

Aus einem ausgedienten Schiff wurde eine Sauna mit Blick über den See.

Monte Mare Seesauna
Hauptstraße 53
83684 Tegernsee
08022 1874770
www.monte-mare.de

Bayerische Seenschifffahrt
Seestraße 70a
83684 Tegernsee
08022 93311
www.seenschifffahrt.de

EINE SAUNA NAMENS IRMINGARD
Monte Mare Seesauna

Wenn See und Sauna eine Liaison eingehen, dann kann daraus schnell eine festere Beziehung werden. In der Seesauna Tegernsee mag das passieren. Einzigartig ist dort das Zusammenspiel von Sauna und umliegender Landschaft, auf die entspannt schaut, wer bei 80 Grad in der Panoramasauna oder bei 90 Grad in der Kelosauna sitzt. Noch außergewöhnlicher ist es an Bord. Denn die Irmingard, ein ausgedientes Schiff der Tegernseer Fährverbindungen, liegt hier vor Anker und wurde zur finnischen Sauna umgewandelt. Wo früher Ausflugsgäste saßen, um von Gmund nach Rottach-Egern zu kommen, liegen nun schwitzend heiße Passagiere und schaukeln im Takt des Sees, während draußen vor den Fenstern Enten und Schwäne vorbeiziehen. Hier wird der Saunagang zum elegischen Erlebnis – danach der heldenhafte Sprung ins Wasser des Bergsees, der im Winter ausreichende drei bis vier Grad hat und auch im Sommer nur selten mehr als 20 Grad. Wem das zu kalt ist, legt sich einfach am Rand des Ufers ins Solebecken und schaut auf See und Berge. Die Stunden verfliegen wie nichts und sorgen für eine Runderneuerung von Körper und Geist.

Dazu tragen insgesamt sechs Saunen und ein Dampfbad im Innen- und Außenbereich bei, außerdem verschiedene Ruheräume und Gartenliegen, ein Whirlpool und ein Bistro sowie ein Kamin im Wintergarten, an dem sich erkaltete Füße wärmen lassen. Überall lässt die Seesauna Phantasie und neue Ideen walten, beispielsweise bei den Peelings vor dem Dampfbad oder den musikalisch untermalten Naturaufgüssen mit Biokräutern, Zirbel, Fichtennadeln oder Kaffeesud. Dabei sollte der letzte Aufguss auf keinen Fall verpasst werden, denn da halten die kreativen Saunameister stets eine Überraschung bereit. Spätestens dann wird klar: Ein Saunatag am Tegernsee gleicht einer Liaison für alle Sinne.

SB

Die Tegernseer Seenschifffahrt hält schnelle Verbindungen und Rundfahrten für Sie bereit. Ende März beginnt der Fahrplan, Anfang November endet er. Geruhsamer lässt sich der Tegernsee nicht erschließen.

27

Ruderfähre von der Point zur Überfahrt
Überfahrtweg 1
83684 Tegernsee
www.tegernsee-schliersee.de

Westerhof-Café im Stieler Haus
Seestraße 74
83684 Tegernsee
08022 7040343
www.westerhofcafe-im-stielerhaus.de

WIE ZU KÖNIGS ZEITEN
Ruderfähre von der Point zur Überfahrt

Schon Ludwig II., Bayerns Märchenkönig, nutzte den Überfahrer zwischen der Halbinsel Point in Tegernsee-Ort und dem Seehotel *Überfahrt* in Rottach-Egern. Die Wegstrecke ist hier nur kurz, die Bucht dahinter groß. Damals galt, laut »hol über« zu rufen, flugs kam ein kräftig gebauter Bursche herangerudert und nahm den Fährdienst auf. Heute genügt es, eine große Glocke zu betätigen – gerudert wird wie einst.

Von Mai bis Oktober ist der Überführer im Einsatz. Bei schlechtem Wetter fällt der Fährdienst aus, bei gutem pendelt das Boot bis zu 40 Mal am Tag. Lediglich ein paar Euro sollte parat halten, wer die jahrhundertealte Tradition am Tegernsee miterleben will. Früher war der Fährdienst durchaus notwendig, schließlich blieb einem der mehrere Kilometer lange Weg rund um die südöstliche Bucht des Tegernsees erspart. Heute, in Zeiten wachsender Mobilität, ist das Ruderboot ein Relikt und der Fährdienst eine wohltuende Erinnerung an frühere Zeiten, in denen die Fortbewegung noch geruhsamer vonstattenging.

Bis zu 18 Personen kann das sieben Meter lange Boot befördern. Da kann es im Hochsommer schon einmal zu Schlangen am Ausgangssteg kommen. Doch die Wartezeit lohnt sich. Die je nach Wellengang und Strömung bis zu 15 Minuten lange Überfahrt wird mit Erzählungen über Wind und Wetter, Sturm und Hagel verkürzt, manchmal auch über Wallberghexen und Seejungfrauen. Längst hätte der Überfahrer sein Ruderboot auf Elektroantrieb umstellen können. Schließlich kann eine Fuhre bis zu drei Tonnen wiegen. Da wird Rudern zur Herausforderung. Doch die Tradition verpflichtet. So ist dieser Fährdienst auf wunderbare Art und Weise aus der Zeit gefallen. Einmal auf der anderen Seite angekommen wächst schon die Vorfreude auf die Rückfahrt.

SB

1829 erwarb der königliche Hofmaler Joseph Karl Stieler ein Grundstück auf der Tegernseer Point und errichtete dort ein biedermeierliches Sommerhaus – heute befindet sich in dem historischen Anwesen das Westerhof-Café.

28

Rosstag
Der Festzug beginnt
hinter dem Seehotel
Überfahrt in der
Ganghoferstraße
83700 Rottach-Egern
www.tegernsee-
schliersee.de

DAS FEST DER PFERDE
Rosstag – Fuhrmannsfest

Am Tegernsee wird viel gefeiert. Während der sommerlichen See-feste überstrahlen Feuerwerke das Tal, aus Anlass der Waldfeste geht jeder in Tracht, zum Almabtrieb und zur Leonhardifahrt ist alles auf den Beinen. Zum gut gefüllten Festkalender zählt auch der Rosstag am letzten Sonntag im August. Da wird Rottach-Egern zum Spektakulum. Eine Pferde- und Fuhrwerkspromenade nimmt den gesamten Ort in Anspruch und führt von der Seestraße ins Tal der Rottach zur St. Eligius-Roßkappelle von Ellmau. Nach der Segnung kehrt der Festzug um und beschließt den Rosstag am Festplatz in Enterrottach.

Gut fünf Kilometer legen Mensch und Tier zurück, begleitet von Blaskapellen aus dem In- und Ausland. Mit dem Mittagsläuten beginnt der Festzug, zwei Stunden später endet er in Enterrottach. Mehr als 200 Pferde zeigen sich von ihrer repräsentativen Seite. Alle wurden festlich geschmückt, manche ziehen sorgsam restaurierte Wägen. Zu sehen sind einfache Almkarren, wie sie just vom Berg zu kommen scheinen, aber auch zehn- bis zwölfspännige Züge voller Energie und historische Prachtkutschen der höheren Gesellschaft. Der Tegernsee war stets beides, bäuerlich geprägt und Sommersitz der Wittelsbacher. Dieses heterogene Spektrum bildet der Rosstag ab, wiewohl es den Pferden herzlich egal ist, wem sie helfen oder wen sie ziehen. Pferde kennen keine Klassen, das überlassen sie den Menschen.

Der Mensch würdigt das Pferd am Rosstag als wichtigen Be-gleiter seines Lebens. Jahrhundertelang war jedwede Landwirtschaft oder Fortbewegung ohne Pferd nicht denkbar. Am Rosstag zeigt der Mensch dem Pferd seinen Dank. Das ist Tradition, was vor allem während der abschließenden Präsentation deutlich wird. Rosse, Kut-schen und Gespanne werden stolz gewürdigt – und das Fest beginnt. Diese Feier jedoch gehört allein den Pferden.

SB

Eines der strahlenden Seefeste verbindet im Rottach-Egerner Kur-park ein ganztägiges Kinder- und Kulturprogramm mit dem abend-lichen Feuerwerk, begleitet von Feuerwerksmusik.

**Skulpturengruppe von
Wilhelm Zimmer**

Galerie Hyna
Seestraße 17
83700 Rottach-Egern
08022 5870
www.galeriehyna.de

VOM TEGERNSEE IN DIE WELT
Galerie Hyna

Was wäre das Tegernseer Tal ohne seine Kunstwelt. Dazu gehören mehrere Museen und Kunstvereine, aber auch einige traditionsreiche Galerien. Eine von ihnen ist die Galerie Hyna in Rottach-Egern. Sie besteht seit mehr als 40 Jahren und pflegt das Werk nationaler und internationaler Maler, Grafiker, Aquarellisten und Bildhauer. Viele kommen aus dem süddeutschen Raum oder aus Österreich und Italien, manche auch aus Russland, Frankreich, Großbritannien und der Tschechischen Republik.

Die Galerie Hyna vertritt vor allem Künstlerinnen und Künstler, die einem ausdrucksstarken Ansatz folgen, sei es in pastoser Malerei oder in figurativer Plastik und Skulptur. Unter den Bildhauerinnen und Bildhauern sind dies zum Beispiel Aurora Cañero mit räumlichen Szenerien, außerdem Wilhelm Zimmer mit elegischen Bronzeplastiken und Gerard Bouvier mit facettierten Tierdarstellungen. In der Malerei folgen viele wie Eckart Schädrich der gegenständlichen Landschaftsmalerei, manche impressionistisch vertieft, andere realistisch überhöht. Grandios die expressionistischen Ansichten von Cäsar Radetzky oder Vanni Saltarelli, märchenhaft verspielt die Bilderzählungen von Ekaterina Chekalina.

In der Galerie Hyna erstrahlt auch das Werk von Herbert Beck, dem Grandseigneur der Landschaftsmalerei, der bis zu seinem Tod 2010 am Tegernsee lebte und arbeitete und dessen farblich leuchtende Arbeiten weltweit Beachtung finden. Der Nolde vom Tegernsee, wie viele ihn nannten, wurde von der Galerie Hyna mehrfach gewürdigt. Auch Gisela Beck, die feingeistige Porträtistin an seiner Seite, erfuhr hier öfters Ausstellungen. So blickt die Galerie Hyna eindrucksvoll und nachhaltig auf die Kunst des Tegernseer Tals und von dort aus in die Welt.

SB

Eine Sonderausstellung der Galerie Hyna ist ein besonderes Ereignis mit Blick auf die Seeanlagen, in deren Mitte eine Bronzeplastik von John Kennedy steht, gespendet von der Galerie.

30

Auferstehungskirche
Kißlingerstraße 25
83700 Rottach-Egern
08022 4430 (Pfarramt)
www.tegernsee-
evangelisch.de

OLEMANS RAUMWUNDER
Auferstehungskirche von Olaf Andreas Gulbransson

Auf den ersten Blick ist Bayern ein Land barocker Kirchen. Doch der Schein trügt ein wenig. Einige Bauten der Romanik und Gotik wurden nicht barockisiert, und auch zeitgenössische Kirchen hinterließen Spuren. Olaf Andreas Gulbransson (1916–1961) zum Beispiel, ein Pionier des evangelischen Kirchenbaus, errichtete zwischen Grainau im tiefen Süden Bayerns und Kulmbach im hohen Norden innovative Gotteshäuser, die in bewusst schlichter Komposition ein modernes Kirchenverständnis unterstreichen. Von seinem Vater, dem Zeichner Olaf Gulbransson, liebevoll Oleman genannt, wuchs Olaf Andreas in München und Tegernsee auf. Als Kirchenarchitekt verschrieb er sich einfachen Grundrissen und Geometrien, die sich zu komplexen Baukörpern fügten. Kreise, Dreiecke, Quadrate und diagonale Raumachsen ließ er beschneiden und mit Lichtgärten kombinieren, so dass eine dynamisierte Raumwirkung entstand. Die liturgische Dramaturgie sollte, so sein Anliegen, im Einklang stehen mit der räumlichen Konzeption.

In Rottach-Egern findet sich ein Beispiel seiner wegweisenden Architektur – 1953 erhielt Olaf Andreas Gulbransson den Auftrag zur Errichtung der Auferstehungskirche, 1955 wurde sie geweiht. Die Kirche erhebt sich über einem sechseckigen Grundriss, der aus zwei gleichseitigen Dreiecken besteht. Sakristei und Haupteingang bilden Annexbauten, eine quer verlaufende, versenkbare Wand unterteilt den Raum und ermöglicht unterschiedliche Funktionen. Das aufstrebende Dach lenkt den Blick zum Altarraum mit seinen malerischen Glasfenstern. Alles in Form und Farbe nimmt sich zurück, einzig der emporstrebende Raum steht im Zentrum der Architektur. Und von außen betrachtet korrespondiert die Auferstehungskirche mit der Bergkulisse, als wäre sie ein Teil des natürlichen Raumwunders im Tegernseer Tal.

SB

Unweit der Kirche am Ufer des Sees liegt der Friedhof, auf dem Künstler wie Olaf Gulbransson, Ludwig Thoma, Leo Slezak und Ludwig Ganghofer bestattet wurden. Die Totenkapelle stammt aus dem Jahr 1508.

31

Hutmacherei und Trachten Wiesner
Voitlhof »Zum Zotzn«
Feldstraße 9
83700 Rottach-Egern
08022 673824 (Trachten-geschäft)
08022 2999 (Zum Zotzn)
www.hutmacherei-wiesner.de
www.tegernseer-gastro.de

NICHT NUR FÜR GROSSKOPFETE
Hutmacherei und Trachten Wiesner

Warum es wichtig ist, zu erwähnen, dass das schöne Geschäft Montag und Dienstag geschlossen hat, zeigt sich am Mittwoch. Da stehen zwar die Nähmaschinen still, aber man sieht, dass ein Großteil des Angebots »handg'macht« ist. Allem voran die Hüte in bester Qualität und allen Größen (wo also auch Leute mit großer Kopfweite fündig werden), dazu handgeschneiderte Trachtenmode und noch einiges an Schmuck, Accessoires rund um Tradition und Tracht, auch in ganz modernen Ausführungen.

Früher war Hutmacher ein wichtiger und gängiger Beruf, ging man doch ohne Kopfbedeckung kaum aus dem Haus. Dass der Beruf vom Aussterben bedroht war, merkte Martin Wiesner am eigenen Leib, denn zur Lehre musste er nach Österreich gehen. Daher ist er einer der wenigen, die diesen Beruf noch wirklich erlernt haben. Sein Steckenpferd und Erkennungsmerkmal sind sogenannte Velourshüte. Die nämlich bestehen aus Hasenhaar, werden in vielen Arbeitsschritten passgenau geformt und zum Schluss von Hand »geschoren«, so dass sie eine glänzende glatte Oberfläche bekommen. So ein Hut, aber auch viele Trachtenstücke sind aus solidem Material, sorgsam und handwerklich perfekt gefertigt und halten daher ein Leben lang, was so manche Billigware nicht von sich behaupten kann. Auch wenn der Anschaffungspreis zunächst etwas höher liegt, ist solch ein Kleidungsstück daher wirklich nicht nur etwas für »Großkopfete« mit dickem Geldbeutel.

Das schöne Geschäft befindet sich zudem im Voitlhof, einem wunderschönen historischen Bauernhof aus dem 16. Jahrhundert, der von der am Tegernsee ansässigen Familie Bogner von seinem ehemaligen Standort in Südtirol abgebaut und hierher versetzt wurde. Neben der Hutmacherei beherbergt der Voitlhof die Weinstube *Zum Zotzn*, die ebenfalls einen Besuch wert ist.

HH

Auf dem Gelände befinden sich ein Spiel- und dahinter ein Minigolf- sowie ein Tennisplatz. Im Winter beginnt hier eine Langlaufloipe.

32

Café Gäuwagerl /
Museum im
Gsotthaberhof
Feldstraße 16
83700 Rottach-Egern
08022 704438
www.tegernseer-gastro.de

KEIN KUCHEN IST AUCH KEINE LÖSUNG
Café Gäuwagerl und Museum im Gsotthaberhof

Wagen und Ross vor dem Haus sind nicht zu übersehen. Überlebensgroß und aus Holz wird gezeigt, was der Name des reizenden Cafés bedeutet. Ein »Wagerl« ist ein kleiner Wagen, mit dem die besseren Herrschaften dazumal übers Land, den »Gäu«, fuhren. Kleine wendige Kutschen also für die sonntägliche Landpartie. Und auch wenn man heute zu Fuß oder mit dem Fahrrad kommt, das Café Gäuwagerl ist ein prächtiges Ziel für einen Ausflug.

Das liebevoll renovierte historische Gebäude, der sogenannte Gsotthaberhof, beherbergt wunderschöne schlichte Stuben mit restaurierten Holzmöbeln und getäferten Wänden. An den Tischen hinter dem Haus kann man Sonne und Bergblick genießen und sich dazu, frei nach dem Motto des Cafés »Kein Kuchen ist auch keine Lösung«, hausgebackene süße Köstlichkeiten oder Heumilcheis gönnen. Weniger Süße bestellen sich »Rahmbrote«, also Flammkuchen aus dem Steinbackofen, mit Speck, Gemüse oder Fisch belegt. Dazu ein Gartensalat mit frischen Kräutern und der Genuss ist perfekt. Wie die wachsen, kann man im hübschen Kräutergärtchen des Cafés neben der riesigen Buche mit ihrer Rundbank sehen und sich gleich ein paar Anregungen für den Garten daheim holen.

Ebenfalls im Gsotthaberhof, der bis 1803 zum Kloster Tegernsee gehörte, befindet sich ein kleines, aber feines Museum, das historische Kutschen, Wagen, Schlitten sowie Pferdegeschirr zeigt. Wie schwer Wald- und Feldarbeit in früheren Zeiten und mit welchen Gefahren sie mitunter verbunden waren, wird auf anschauliche Weise klar. Man lernt einiges über alte Berufe wie Sattler, Wagner oder Schmied, die heute beinahe ausgestorben und nur noch als Nachnamen übrig geblieben sind. Beim Anblick von Wagen oder Postkutschen kann man auch über die Bedeutung von Distanzen in Zeiten vor dem Automobil nachsinnen.

HH

Kinder kommen im Kutschenmuseum über das Transportwesen vergangener Zeiten voll auf ihre Kosten, denn sie können gleich zu Beginn ein Oberländergespann in Beschlag nehmen.

33

Confiserie Hagn
Seestraße 80
83700 Rottach-Egern
08022 673137
www.confiserie-hagn.de

Restaurant Haubentaucher
Seestraße 30
83700 Rottach-Egern
08022 6615704
www.haubentaucher-tegernsee.de

SCHOKOLADENSEITE DES SEES
Confiserie Hagn

Hübsch gestaltet ist das Schild vor dem Eingang zur Confiserie Hagn in Rottach-Egern. Der Text: »Solange Kakaobohnen auf den Bäumen wachsen, ist Schokolade für mich Gemüse«. Die Bezeichnung »Bohne« täuscht also ein wenig, denn der Rohstoff für Schokolade wächst in der Tat auf stattlichen Bäumen, bis zu 15 Meter hoch können sie werden. Die wiederum haben bis zu 20 Zentimeter große Früchte und darin befinden sich Samen, die Kakaobohnen genannt werden. Mit einem Fettanteil von über 50 Prozent können sie durchaus als ein ausgesprochen reichhaltiges »Gemüse« gelten …

Um die 30 verschiedenen Pralinensorten stellt Konditormeister Maximilian Hagn in liebevoller Handarbeit her, erwähnenswert die Bayern-Praline mit weiß-blauem Rautenmuster, die man mit Nougat und sogar mit Bierbrand-Füllung erstehen kann. Besonders stolz ist man außerdem auf die vielen Sorten Trüffelpralinen, Amaretto-Trüffel, Herrentrüffel mit Schnaps und die feinen Tegernseer Heumilch-Trüffel. Die darin enthaltene Sahne stammt aus der Region und von Weiderindern, die artgerecht nur mit Gras und Heu gefüttert wurden. Auf die Qualität der Zutaten legt man ausgesprochen großen Wert. Auch wenn es bei Pralinen Einschränkungen gibt – Kakaobäume wachsen nur in tropischen Gefilden –, so versucht man dennoch, so viele regionale Zutaten wie möglich zu verwenden. Die vielen handgeschöpften Schokoladentäfelchen aus besten Zutaten eigenen sich als Mitbringsel, insbesondere natürlich die Sorte *Malerwinkel am Tegernsee*.

Im kleinen Café direkt am Tegernsee kann man aber auch hausgebackene Kuchen und Torten vor Ort genießen. Dort findet man auch neben den vielen »Süßen Sünden« allerlei Accessoires, wie zum Beispiel jenes oben erwähnte Schild.

HH

Ein paar Schritte weiter speist man vorzüglich beim Ex-Sternekoch Lois Neuschmid in seinem hübschen Restaurant Haubentaucher direkt am See.

des Tages :

Nicaragua

Finca Limoncillo
* natural *

voll

Espressi :

Der Pate

voll

84

Café Felix & Erste
Tegernseer Kaffeerösterei
Tegernseer Straße 101
83700 Kreuth-Weissach
08022 8597830
www.tegernseer-
kaffeeroesterei.de

TEE GERN SEH'N, KAFFEE RÖSTEN

Café Felix & Erste Tegernseer Kaffeerösterei

Betritt man das Café Felix an der Hauptstraße in Weissach, direkt neben dem noblen Hotel Bachmair Weissach, sollte man unbedingt zunächst einmal die Augen schließen. Allerdings nicht, weil es dort nicht hübsch wäre. Das Innere des Cafés ist als überraschender Kontrast zum ländlichen Äußeren des Gebäudes mit edlen Hölzern in warmen Kaffeetönen ausgestattet, mit einer einladenden Kaffeebar samt blitzender Kaffeemaschine, gemütlichen Tischen, Regalen mit netten Accessoires rund ums Thema Kaffee und Gerätschaften zur Zubereitung des beliebtesten Getränks der Deutschen in liebevoller Auswahl. Nein, es ist der unvergleichliche Duft, den man unbedingt zunächst und am besten mit geschlossenen Augen auf sich wirken lassen sollte, um in eine einzigartige Aromenwelt einzutauchen.

Danach kann man das freundliche und geschulte Personal fragen, welche der vielen Sorten man denn ausprobieren sollte. Wir beispielsweise suchten nach einem wirklich kräftigen Espresso, den wir aus einer Bar in Sizilien in Erinnerung hatten. Kurze Zeit später stand die Mischung *Der Pate* vor uns – mit kräftigem, schokoduftendem Aroma, das die Erinnerung an Sizilien aufleben ließ. Aus vielen, allesamt frisch gerösteten Sorten kann man seine Lieblingssorte im Café Felix auch zum Mitnehmen kaufen, ebenso wie den Röstern bei der Arbeit zusehen, denn die Rösterei ist vom Café nur durch eine Glasscheibe getrennt. Transparenz zählt hier viel, denn der Bio-Rohkaffee höchster Qualität wird direkt von den Kaffeebauern importiert, die dafür faire Preise erhalten.

An den einladenden Tischen vor dem Café blinzelt man in die Sonne, blickt auf das geschäftige Treiben oder den Wallberg und kann dort ein ausgiebiges Frühstück zu sich nehmen, wobei man feiertags oder am Wochenende besser reserviert.

HH

In unregelmäßigen Abständen finden Kaffeeworkshops statt, in denen man vieles über Kaffee lernt, unter anderem ihn gekonnt zu verköstigen.

35

Bergkapelle auf dem Wallberg

Talstation der
Wallbergbahn
Wallbergstraße 26
83700 Rottach-Egern
08022 705370
(Wallbergbahn)
www.wallbergbahn.de

ERLEBNIS TEGERNSEE
Bergkapelle auf dem Wallberg

Ohne den Wallberg erwandert zu haben, jenen weithin sichtbaren Berg südöstlich von Rottach-Egern mit seinem markanten Sattel, ist das Erlebnis Tegernsee kein ganzheitliches. Vom 1.722 Meter hohen Gipfel aus erschließt sich das gesamte Panorama des Tegernsees sowie der weiten Landschaften gen Süden und gen Norden, im Süden das Mangfallgebirge und die ersten Zweitausender, im Norden die weite Fläche zwischen Inn und Isar. Ein atemberaubender Blick, der innehalten lässt und wunderbar korreliert mit einer kleinen Kapelle, die Anfang des letzten Jahrhunderts auf dem Wallberg errichtet wurde.

Ausgeführt in einheimischer Bauweise nach Plänen des Architekten Hans Schurr sollte die kleine Heilig-Kreuz-Kirche den umliegenden Almen, Sennen und Hirten einen Gottesdienst ermöglichen. Bis heute ist die Kapelle ein Ort der Ruhe. Drumherum ist großes Treiben. Paraglider und Drachenflieger starten mit Aufwind und landen einige Zeit später am Ufer des Tegernsees, manche auch erst nach längerem Streckenflug. Höhenwanderungen führen in die umliegende Bergwelt, zum Beispiel über den Setzberg zum Risserkogel. Im Winter ist der Wallberg ein vielfältiges Skigebiet, außerdem startet dort die längste Rodelstrecke Deutschlands. Zu allen Jahreszeiten führt eine Seilschwebebahn von Oberach aus zur Bergstation mit Panoramarestaurant. Alternativ gibt es die Wallbergstraße, eine schöne, wiewohl mautpflichtige Bergstraße, die bis in die Nachkriegszeit hinein ein Ort berüchtigter Bergrennen war und die auf 1.100 Meter Höhe bei der Moosalm endet. Von dem gebührenfreien Parkplatz sind es gerade einmal zwei Wanderstunden hinauf zum Gipfel und zur stillen Kapelle auf dem Wallberg. Hier zu verweilen und über den Tegernsee zu schauen heißt, den außergewöhnlichen Landstrich als Ganzes zu erkennen – und das Erlebnis Tegernsee ist komplett.

SB

Wer sich wie ein Almbauer oder Hirte fühlen will, kann in der Heilig-Kreuz-Kirche auf dem Wallberg einem Gottesdienst beiwohnen – von Juni bis September immer sonntags um 11.30 Uhr.

36

Gasthaus zum Hirschberg
Nördliche Hauptstraße 89
83708 Kreuth-Scharling
08029 315
www.gasthaus-zum-
hirschberg.de

Gasthof zum Hagn
Tegernseer Straße 30
83708 Kreuth-Enterbach
08022 6248
www.gasthofhagn.de

MAL BAYERISCH, MAL INTERNATIONAL
Gasthaus zum Hirschberg

Der Hirschberg ist einer der empfehlenswerten Aussichtsberge im Süden des Tegernseern Tals. In gut zweieinhalb Stunden ist man mit mittlerer Kondition auf dem Gipfel und genießt einen grandiosen Fernblick in alle Richtungen.

Genießer belohnen sich für die zünftige Wanderung im nach dem Berg benannten Gasthaus. Hier kocht Daniel Bößhar mit viel Leidenschaft und Verstand. Er und seine Frau Ulrike, die für das Wohl der Gäste sorgt, bezeichnen ihre Küche als bodenständig, doch man schaut auch gerne über den bayerischen Tellerrand hinaus. So gesellt sich zum wirklich ausgezeichneten Blutwurstgröstl auf zartem Selleriepüree mit eingelegten Apfelscheiben ein Carpaccio von Cedri-Zitronen mit Rucola. Klassisch der Kreuther Saibling mit Petersilienkartoffeln, spanisch inspiriert die rosa gebratene Schulter vom Iberico-Schwein mit pikantem Maisgemüse, aus Italien und Südtirol stammen manche Tropfen der Weinkarte, aber auch die fantasievollen Gerichte mit hausgemachter Pasta von gefüllten Teigtaschen mit frischem Spinat und Spargel im Frühling bis hin zu Pappardelle mit Trüffeln im Herbst. Da frische Produkte der Region verwendet werden, spiegeln sich die Jahreszeiten in der abwechslungsreichen Speisekarte wider. Selbstverständlich gibt es kleine Gerichte für Kinder und wem nach der Wanderung eher nach Zünftigem ist, der findet auf der abwechslungsreichen Brotzeitkarte vom Speck- und Käsebrettl, klassischem Wurstsalat oder dem »strammen Hirschen« mit Rosmarinschinken sicher etwas. Auch hier merkt man die kreative Handschrift beispielsweise bei einem Salatteller mit hausgebeiztem Lachs. Dazu wird köstliches, zum Teil hausgebackenes Brot serviert. Günstige Mittagsmenüs runden das Angebot im liebevoll renovierten historischen Gasthaus ab.

HH

Zünftiger geht's im Gasthof zum Hagn in Enterbach zu, hier genießt man unter anderem fast vergessene bayerische Klassiker wie gebackene Milzwurst oder Auszogne.

87

Almgasthaus Aibl
Aibl-Alm 1 (Im Egerl)
83708 Kreuth
08029 437
www.aibl.de

**Fischerweber's
Edelbrände**
Überfahrtstraße 1
83700 Rottach-Egern
08022 92040
www.fischerwebers-
edelbraende.de

HOCHGENUSS IN DOPPELTEM SINNE
Almgasthaus Aibl

Die Köchinnen und Köche am Tegernsee sind sich einig: Weil »der Christian« da ist, muss man für die anspruchsvollen Gäste einfach gut kochen. So auch der Schorsch. Und »der Christian« meint, für den Erdbeer-Schmarrn von Schorsch laufe er gerne eine Runde mehr um den Tegernsee, so wunderbar fluffig, fruchtig und fantastisch sei der. Insider wissen nun, wer gemeint ist.

Schorsch ist Georg Ertl – Seele, Wirt und Koch vom Aibl, dem Almgasthaus hoch über dem Tegernseer Tal und seiner Terrasse mit Traumblick. »Der Christian« heißt mit Nachnamen Jürgens und ist Patron und Maître de Cuisine des Restaurants *Überfahrt* in Rottach-Egern am Tegernsee. Drei Michelin-Sterne zieren das Haus seit 2013.

Am Tegernsee gibt es noch mehr Gourmettempel mit Michelin-Sternen. Daher möchten die Gäste, so Georg Ertl, an allen Tagen gut essen, wenn sie am Tegernsee Urlaub machen. Bei ihm können sie das auf jeden Fall. Fleisch beispielsweise bezieht er nur von besten Quellen, manchmal sogar seiner eigenen, denn er ist passionierter Jäger. Auf seinen Lehr- und Wanderjahren hat er manchen Blick in andere gute Töpfe geworfen. »Bayerischer Löwe« nennen ihn noch heute seine Kollegen vom (sehr besuchenswerten und mit Hauben bedachten) *Wilden Mann* in Lans bei Innsbruck. Kein Wunder also, dass so manche Tiroler Spezialität wie Schlutzkrapfen oder würzige Spinatknödel zum Standardrepertoire gehören. Im Aibl gibt es einen der besten Entenbraten überhaupt, innen zart, die Haut resch und knusprig. Köstlich die konzentrierten Soßen – sie sind so gut, dass man mit der Vermutung, der Schorsch kehre auch mal beim Christian ein, richtigliegen mag. Und natürlich der Erdbeer-Schmarrn. Die eigentliche Spezialität jedoch, da ist sich der Christian wiederum sicher, ist der Schorsch.

HH

Nach einem zünftigen Essen schmeckt Hochprozentiges, zum Beispiel der Wachholdergeist von *Fischweber's Edelbrände*, zu finden in Rottach-Egern.

38

Naturkäserei TegernseerLand
Reißenbichlweg 1
83708 Kreuth
08022 1883520
www.naturkaeserei.de

Eybel Schokoladenquelle
Moosrainer Weg 2
83666 Waakirchen
08021 1036
www.eybel-schokolade.de

A RUNDE SACH
Naturkäserei TegernseerLand

Wenn am richtigen Ort die richtigen Menschen zusammentreffen, kann Wunderbares entstehen. Die Genossenschaftskäserei im Tegernseer Tal ist ein nachahmenswertes Beispiel dafür. Es muss sich ungefähr so zugetragen haben: Einige Landwirte trafen sich am Stammtisch und diskutierten, wie man bei fallenden Milchpreisen bäuerliche Familienbetriebe retten könnte. Die Lösung war, die Milch selber zu verarbeiten, zu veredeln und zu vermarkten.

Hohe Qualitätsstandards haben die Milchbauern der Genossenschaft festgelegt. Tagesfrisch wird die Heumilch, inzwischen in Bio-Qualität, vom eigenen Milchwagen abgeholt. Die Kühe haben es gut auf den Höfen, sie grasen im Sommer auf den kräuterreichen Wiesen und im Winter besteht ihr Futter vornehmlich aus Heu. Dadurch helfen sie auch mit, das heimische Landschaftsbild zu erhalten. Einfach a runde Sach'.

Wie es mit der Milch weitergeht, können Besucher in der Schaukäserei jederzeit sehen oder sich in regelmäßig stattfindenden Führungen erklären lassen. Transparenz ist wichtig und die Freude an der gelungenen Idee ist auch für Besucher spürbar. Vielerlei Käsesorten entstehen inzwischen im 2009 von heimischen Handwerkern errichteten Gebäude, das Verarbeitung, Reifekeller, Verkaufsladen und die gemütliche Gaststub'n beherbergt. Dort oder im Sommer im Biergarten mit Blick auf den Hirschberg genießt man das Käsehandwerk bester Güte vom cremigen Weichkäse bis zum gereiften Tegernseer Bergkas auf dem Käsebrettl. Vom Frühstück an mit Heumilchbutter und Joghurt – pur oder mit Biofrüchten – gibt es Brotzeiten und kleine Gerichte den ganzen Tag. Zum Cappuccino mit Heumilch-Schaum genießt man Topfen-Blaubeerstrudel oder hausgemachtes Eis. Raclette und Käsefondue wird auf Vorbestellung serviert.

HH

Im Laden findet man viele Produkte der Region, die wiederum mit der Milch der glücklichen Kühe hergestellt werden, wie etwa Pralinen der *Schokoladenquelle Eybel* aus dem nahen Waakirchen.

89

Wildbad Kreuth
83708 Kreuth
08029 9979080 (Tourist-
Information)
www.tegernsee-
schliersee.de

Gasthaus Altes Bad
Wildbad Kreuth 2
83708 Kreuth
08029 304
www.altesbad.de

HIER ATMET GESCHICHTE
Wildbad Kreuth mit Quelle, Gasthaus Altes Bad & Kapelle

Wildbad Kreuth dürfte einer der bayerischsten Orte überhaupt sein. Jedenfalls atmet dort ganz schön viel urbayerische Geschichte. Schon im 16. Jahrhundert hatte das Kloster Tegernsee hier ein Badehaus errichtet, um die Wende zum 18. Jahrhundert das *Alte Bad* mit Kapelle. Der Kreuther Brunnen enthält Schwefel, Eisen und Magnesium. Aus 700 Metern Tiefe steigt das Wasser auf, ist also rein, obwohl es wegen des Eisens rötlich daherkommt. Allerlei gesundende Kräfte werden ihm zugeschrieben, gar als Heilwasser möchte man es abfüllen und verkaufen. Doch es ist bis heute für jedermann zugänglich, ebenso wie das *Alte Bad*, das heute ein Gasthaus beherbergt, und die Kapelle Zum Heiligen Kreuz.

Das klassizistische Gebäude, das wir heute kennen, wurde von dem bayerischen König Max I. Joseph 1820 als Molken- und Badeanstalt errichtet. Kaiser, Könige und Zaren sollen hier gekurt haben. Berühmtheit in neuerer Zeit erhielt das Gebäude allerdings, als es nach dem Zweiten Weltkrieg von der Hanns-Seidel-Stiftung zur politischen Bildung übernommen wurde und von den CSU-Granden zur jährlichen Klausurtagung genutzt wurde. Franz Josef Strauß verkündete hier 1976 den Kreuther Trennungsbeschluss, womit die Fraktionsgemeinschaft von CSU und CDU ein Ende finden sollte. So haben viele das historische Gebäude als Fernsehkulisse in Erinnerung, mit schwarzen Limousinen, denen die damals wichtigen Politiker entstiegen. Doch nach dem Umzug der Stiftung ins fränkische Kloster Banz wurde es wieder ruhig am Fuß des Hohlensteins und an den Ufern der Felsweißbach.

Das Haus Wittelsbach, genauer Herzogin Helene von Bayern, ist immer noch Eigentümer und einer der Pläne, die zur Nutzung der Gebäude bestehen, ist, sie wieder ihrer alten Bestimmung zuzuführen und einen Kurbetrieb zu errichten.

HH

Am Rande des schönen parkartigen Geländes kann man im Gasthof Altes Bad bodenständige bayerische Küche genießen und ein kühles Bier trinken, natürlich vom Herzoglichen Brauhaus Tegernsee.

40

Herzogliche Fischzucht
Wildbad Kreuth 1
83708 Kreuth
08029 997460
www.fischerei-kreuth.de

**Fein- und
Naturkost Hagn**
Bremerweg 1
83708 Kreuth
08029 678
www.fein-und-
naturkost-hagn.de

FISCHE VON ADEL
Herzogliche Fischzucht Wildbad Kreuth

Was braucht eigentlich ein Fisch, um glücklich zu sein? Frisches Wasser, Platz zum Schwimmen und gutes Futter. Und Fischgenießer hätten gerne frischen Fisch oder einen, der mit erfahrener Hand sorgsam geräuchert wurde. Am liebsten würden sie vielleicht zusehen, wie die Räucheröfen befüllt werden, wo die Fische leben, wo das Quellwasser sprudelt – all das kann man hier bei Fischereimeister Alexander Wiemann, der die Herzogliche Fischzucht Wildbad Kreuth gepachtet hat.

Seine Forellen, Lachsforellen oder Saiblinge schwimmen quirlig in den Teichen hin und her und drum herum sind Tische und Bänke aufgestellt, wo sich hungrige und durstige Wanderer niederlassen können. Liebevoll angerichtet verspeist man die Räucherfilets ofenwarm mit Salat und Kren, dazu ein Gläschen Wein oder ein kühles Helles, und der Abschluss eines sonnigen Wandertags ist perfekt. Eine kleine Stube ist auch vorhanden, sofern das Wetter mal nicht mitspielt. Außerdem kann man die frischen Fische, die köstliche Räucherfischmousse im Glas, die geräucherten oder gebeizten Fische zum Mitnehmen kaufen. Geräuchert wird auf Erlenholz, gebeizt nach altem Rezept; zu den klassischen heiß geräucherten, das bedeutet: bei moderaten 40 bis 45 Grad gibt es Lachsforelle, die nach Graved Art gebeizt und bei noch milderen 25 Grad kalt geräuchert wird. Herrlich saftig bleiben dann die Fische und zusammen mit Pell- oder Bratkartoffeln entsteht eine regionale Delikatesse. Die köstliche, sahnig-sanfte Fischmousse, auf Toast- oder Bauernbrot serviert, ziert jedes edle Buffet.

Kunden-, wanderer- und urlauberfreundlich sind die Öffnungszeiten, denn den Fisch gibt's ganzjährig ohne Ruhetag, der Fisch für zu Hause wird vakuumiert. Ein weiterer Service ist die Aufladestation fürs E-Bike.

HH

Weitere Zutaten für eine köstliche Wandererbrotzeit findet man bei Fein- und Naturkost Hagn in der Hauptstraße in Kreuth.

41

Erlebnisweg an der Weißach

Start: Am Kurpark/
Mühlauerweg
83708 Kreuth
08029 9979080
(Tourist-Information)
www.naturschauspiel-
kreuth.de

Weißachalm

Weißachaustraße 51
83708 Kreuth
08029 335

ABSEITS DES TRUBELS
Erlebnisweg an der Weißach

Aus mehreren Dutzend Quellen hoch oben in den Bergen entsteht die Weißach – so benannt ab Glashütte hinter Kreuth bis zu ihrer Mündung in den Tegernsee. Die Weißachau dürfte eine der schönsten Flusslandschaften sein, ein wiedererstandenes Naturschutzgebiet, wo sich der Tourismus von seiner guten Seite zeigt. Denn die ehemals herrliche Auenlandschaft der Weißach war weitestgehend zerstört, diesmal nicht in unserer Zeit, sondern schon seit Beginn des 19. Jahrhunderts. Der Holzbedarf der wachsenden Städte war schuld, man machte das Bergflüsschen breiter und tiefer, um die geschlagenen Baumstämme den Fluss hinunterbefördern zu können. Kiesbänke sowie die Uferlandschaft waren dahin und mit ihnen verschwanden seltene Pflanzen, Fische, Vogelarten. Doch Lastwagen verdrängten die Flößerei und der florierende Kurort Bad Wiessee suchte Natur. So beschloss man in den 1980er-Jahren, ein Landschaftsschutzgebiet auszuweisen und durch vielerlei Maßnahmen zu schützen beziehungsweise wiedererstehen zu lassen.

Heute finden Ruhesuchende dort Spazier- und Radwege, sogar einen Weg, der extra für Spaziergänger mit Hunden ausgewiesen ist. Für Kinder – und natürlich Erwachsene – gibt es den Erlebnisweg etwas nördlich von Kreuth zwischen Pointer und Pförner Brücke. Er erstreckt sich auf dem westlichen Weißach-Dammweg über 1,6 Kilometer, auf dem östlichen über 3,8 Kilometer (einfache Strecke). An zahlreichen Stationen, die meisten auf der östlichen Seite, zeigt das Maskottchen von Kreuth, die junge Gämse »Kreuthi«, seine Lieblingsplätze und erläutert Interessantes zu Flora und Fauna des Landschaftsschutzgebiets. Der Erlebnisweg ist eben und daher für Kinderwagen und Rollstuhl bestens geeignet.

Im Winter kann man in den Weißachauen langlaufen aber auch bequem spazieren gehen, denn ein Gutteil der Wege wird geräumt.

HH

Wunderschön gelegen ist die Weißachalm gleich bei der Pointer Brücke, hier gibt's hausgemachte Spinatknödel, Brotzeit, Ente und vieles mehr.

● Bayerwald   1½h   501
● Schwarzentenn–Alm   1¾h   501
● Glashütte   2 h   501
Gemeinde Kreuth   Kreissparkasse Miesbach-Tegernsee

● Klamm (Parkplatz Königsalm)   P   35 min   501
● Königsalm (über Klamm, im Sommer bewirtschaftet)   ✕   2¼h   501, 615a
● Schildenstein 1613 m über Königsalm   3½h   615a, 615
Gemeinde Kreuth   Kreissparkasse Miesbach-Tegernsee

● Blauberg–Alm (über Königsalm)   ✕   4 h   501, 615a
● Halserspitz 1862 m (über Königsalm)   6 h   501, 615
● Gufferthütte (Ludwig-Aschenbrenner-Hütte)   ✕   6 h   501, 615
Gemeinde Kreuth   Kreissparkasse Miesbach-Tegernsee

● Blauberg–Alm (im Sommer bewirtschaftet)   i ✕   3½h   501, 615
● Gufferthütte   ✕   5½h   501, 615
Gemeinde Kreuth   Kreissparkasse Miesbach-Tegernsee

○ Fischzucht   ✕   10 min   501, 615
○ Wildbad Kreuth   ✕   20 min   501, 615
○ Parkplatz (Wildbad Kreuth)   P   35 min   501
Gemeinde Kreuth   Kreissparkasse Miesbach-Tegernsee

○ Siebenhütten (im Sommer bewirtschaftet)   ✕   40 min   501, 502
● Schildenstein 1613 m (über Wolfsschlucht oder Gaißalm)   3½h   501, 615
● Halserspitz 1862 m – Blauberg   5½h   501, 615
Gemeinde Kreuth   Kreissparkasse Miesbach-Tegernsee

42

Bergsteigerdorf Kreuth
Tourist-Information
Nördliche Hauptstraße 3
83708 Kreuth
08029 9979080
www.gemeinde.kreuth.de

**Familienwanderung
Siebenhütten**
Start: Wanderparkplatz
Wildbad Kreuth
08029 9979080 (Tourist-
Information)
www.tegernsee-
schliersee.de

NÄHE OHNE RESPEKTLOSIGKEIT
Bergsteigerdorf Kreuth

Nur wenige Orte in Deutschland können sich über die Auszeichnung der Alpenvereine der Alpenregion als »Bergsteigerdorf« freuen – Kreuth, die südlichste Gemeinde des Tegernseer Tals, gehört dazu. Die Alpenvereine aus Deutschland, Österreich, Italien und Slowenien wollen damit nachhaltigen (Berg-)Tourismus fördern und der Landschaftsfresserei durch Berg- und Skisport entgegenwirken. Langsam soll's zugehen, naturnah und harmonisch. Natur steht vor Effekthascherei durch Mega-Events und Großanlagen.

Konkret bedeutet dies, man fördert, was die Landschaft schön macht und erhält. So versucht man, die Besucher zum Benutzen von öffentlichen Verkehrsmitteln zu animieren und verbessert die Infrastruktur hierfür; genießerisches Wandern auf gepflegten Wegen gehört ebenso dazu, wie Einheimischen und Besuchern bewusst zu machen, wie fragil die Bergwelt ist. Gastronomen werden angehalten, regional und direkt beim Erzeuger einzukaufen und dies in ihren Speisekarten auch zu dokumentieren. Die Landwirte vor allem können so ihre Höfe naturnah bewirtschaften und haben durch den direkten Absatz die ökonomische Basis dazu. Bestes Beispiel ist die Initiative zur Gründung der Naturkäserei TegernseerLand oder die extensive Beweidung des Landschaftsschutzgebiets Weißachauen. Zur Müllvermeidung werden nicht nur Wanderer aufgefordert, sondern alle, auch die hiesige Bevölkerung. Mit »Einkaufskorb und Semmel-Sackerl« könnten Pensionswirte fürs regionale Frühstück sorgen, Räder zur Verfügung stellen und ihre Gäste auf andere naturverträgliche Möglichkeiten der Freizeitgestaltung hinweisen. Sorgsam beschilderte Wanderwege laden zum langsamen Entdecken ein, Ziele gibt es um das Dorf Kreuth herum unzählige.

HH

Eine der klassischen leichten Wanderungen geht nach Siebenhütten (bestens bewirtschaftet von der Familie Bogner, die auch das Gäuwagerl-Café betreibt) und in die Wolfsschlucht.

43

Sylvenstein-Stausee
Parkplatz auf der
Dammkrone
83661 Lenggries-Fall
www.sylvensteinsee.info

**Museum Mensch
und Natur**
Schloss Nymphenburg
80638 München
089 1795890
www.mmn-muenchen.de

ATLANTIS IM TÖLZER LAND
Sylvenstein-Stausee

Der Weg zum Sylvensteinsee führt tief hinein ins obere Isartal. Majestätisch breitet er sich aus, wie ein schlanker Fjord zwischen hohen Bergen, so als gäbe es ihn schon ewig dort. Die Ufer sind unberührt und unbebaut, bis auf den kleinen Ort Fall – und damit beginnt die Geschichte des Sees.

Denn das heutige Fall ist neu, ebenso die elegant geschwungene Brücke, die es mit dem anderen Ufer verbindet. Das alte Dorf liegt auf dem Grund des Stausees. 1959 wurde der heute rund 41 Meter hohe Sylvensteindamm fertiggestellt und der See künstlich angelegt, um die oftmals reißende Isar zu regulieren. Gleichzeitig produziert ein Kraftwerk Strom. Bei hohem Wasserstand misst die Fläche des Sylvensteinsees bis zu sechs Quadratkilometer. Der mittlere Wert beträgt vier, der untere sogar nur einen Quadratkilometer, und wer dann glaubt, einen Kirchturm aus dem See ragen zu sehen, unterliegt einer Fata Morgana, denn das alte Fall wurde zur Gänze abgetragen, obwohl es durchaus eine Berühmtheit war, nachdem Ludwig Ganghofer 1883 seinen Heimatroman über den Jäger von Fall veröffentlicht hatte. Heute bleibt nur die Erinnerung an diesen Ort – und das Tölzer Land hat sein Atlantis.

Außerdem fand kein Geringerer als Bruno, Bayerns bekanntester Bär, Gefallen am Sylvensteinsee. Hier überquerte er die Grenze zur Bundesrepublik, hier trat er erstmals in Erscheinung, und das gewaltig. Am 14. Juni 2006 kollidierte er auf der Uferstraße mit einem Auto, was ihn nicht daran hinderte, danach noch diverse Bienenstöcke und Hühnerställe heimzusuchen. Bayerns Ministerpräsident erhob Bruno zum Problembären. Der freche Eindringling wurde – unter Protesten der Öffentlichkeit – gejagt. Nur wenig später erlag Bruno am Spitzingsee einem Fangschuss. Der Name des Jägers ist bis heute geheim.

SB

Bruno ist noch immer eine Prominenz. Sorgsam präpariert fand er seinen Weg ins Münchner *Museum Mensch und Natur* und wird dort ganzjährig ausgestellt, umgeben von all den Dingen, die er in Bayern so gern mochte.

44

Wasserfallweg
Beginn Schützenhaus-
parkplatz
Im Dorf 7 1/8
83676 Jachenau
www.jachenau.de

Langlaufareal
Einstieg Setzplatz
83676 Jachenau
www.jachenau.de

Jachenauer Dorfladen
Dorf 7
83676 Jachenau
08043 919808
www.jachenauer-
dorfladen.de

IM EINKLANG MIT DER NATUR
Zwischen Wasserfallweg und Langlaufareal

Die Jachenau ist ein Paradies für Wanderer im Sommer und Langläufer im Winter. Das Tal liegt 700 bis 800 Meter über dem Meeresspiegel und dadurch der Sonne etwas näher. Berge, Wasser, Wälder, Wiesen bilden ein helles, niemals bedrückendes Panorama. Die Luft ist klar, der Sommer kühl, der Winter schneereich. Außerhalb der Schneesaison führen Wanderwege durch das Tal oder auf die Rotwand und die Kotalm. Eine der schönsten Touren ist der Wasserfallweg. Leicht ansteigend und nur gegen Ende etwas anstrengender führt er an der Großen Laine entlang zur Lainlalm und dann hinauf zum Jachenauer Wasserfall. Im Dorf gleich gegenüber ist im Winter dann am sogenannten Setzplatz ein guter Einstieg in das großzügige Langlaufareal. Etwa 40 Kilometer Länge umfasst die klassische Loipe, 35 Kilometer die Skatingspur.

Hier wie dort ist die Jachenau in ihrer Verbindung von Natur und Licht ein einzigartiges Stück Bergwelt. Zwischen Isartal und Walchensee öffnet sich dieses weite Tal, auf der einen Seite geschützt vom südlichen Ausläufer der rund 1.800 Meter hohen Benediktenwand, auf der anderen vom bis zu 1.532 Meter hohen Staffelgebiet. Durch die Jachenau fließt das kleine Flüsschen Jachen, gesäumt von Einödhöfen und Weilern. Jachenau nennt sich einerseits der kleine Ort mit malerischen Häusern und einem schmucken Dorfladen gleich neben der Pfarrkirche St. Nikolaus, andererseits das gut 15 Kilometer lange Hochtal. Das gehört zu den waldreichsten Gegenden in ganz Deutschland. Hier definiert sich Leben anders. Alles passiert im Einklang mit der Natur. Berufe drehen sich um die Viehzucht und den Landbau, nahezu jeder hat seit Generationen eine Alm und einen Forst und bewirtschaftet diese. Die Jachenau ist ein stiller Rückzugsort, einer der vielleicht letzten in Bayern.

SB

Besuchen Sie in Jachenau den Dorfladen wie aus alten Zeiten – er präsentiert Lebensmittel aus regionaler, natürlicher und nachhaltiger Herstellung und auch sonst fast alles, was das Herz begehrt.

45

Walchensee Museum
Urfeld 4
82432 Kochel am
See-Urfeld
089 92860092
www.walchenseemuseum.de

**Berggasthaus
Herzogstand**
über Talstation Herzog-
standbahn
Am Tanneneck 6
82432 Walchensee
08851 234
www.berggasthaus-
herzogstand.de

HOHE KUNST AM SEE
Walchensee Museum

Bereits die Fahrt hinauf von Kochel zum Walchensee ist ein Erlebnis: eine steile kurvenreiche Straße mit markanten Aussichtspunkten über den Kochelsee und das Moor, oben dann ein klarer, kalter Gebirgssee und ein 2008 eröffnetes Museum, das mit einer der schönsten vorstellbaren Lagen aufwartet.

Der Wahloberbayer Friedhelm Oriwol erwarb 2006 das ehemalige Hotel Post in Urfeld und fand hier eine Heimat für seine im Laufe der Jahre umfangreich gewordene Sammlung. Diese umfasste zunächst Postkarten, Abbildungen und Prospekte von Walchen- und Kochelsee, später kamen über 300 Grafiken des 1918 bis 1925 in Urfeld wohnhaften Malers Lovis Corinth dazu, außerdem interessante Dokumente und Kunstwerke zur Geschichte des Walchensee-Kraftwerks sowie seltenes Material über die Klöster Schlehdorf und Benediktbeuern. Unter dem Titel *Unterdrückte Malweiber* wird eine Auswahl von Werken malender Künstlerfrauen wie Charlotte Berend-Corinth, Maria Marc oder Charlotte von Maltzahn präsentiert. Ein neu eröffneter Ausstellungsraum zeigt eine Sammlung zur Geschichte des Forst-, Jagd- und Postwesens in der Region seit dem 18. Jahrhundert.

Der Bogen spannt sich also von der Heimatkunde bis in die Kunstgeschichte, alles liebevoll und freundlich arrangiert. Auch die Architektur des Hauses, innen wie außen, ist sehenswert, vor allem aber der Panoramablick aus dem Wintergarten auf den idyllischen Walchensee fasziniert die Besucher. Mittlerweile ist das private Museum in eine Stiftung überführt worden. Ein 20-minütiges Video auf der Webseite des Museums ermöglicht erste Eindrücke. Vom Museum aus lässt sich ein gemütlicher und autofreier Spaziergang am Ufer des Sees bis in die Jachenau unternehmen oder man macht einen Abstecher in das Wikingerdorf Flake, wo 2008 der Film *Wicki und die starken Männer* gedreht wurde.

HH

Traumblick zum Walchensee hinunter mit bestem Essen bietet der Herzogstand mit dem gleichnamigen Berggasthaus, bequem erreichbar mit der Seilbahn.

46

**Erlebniskraftwerk
Walchensee**
Altjoch 21
82431 Kochel am See
08851 77225
www.walchenseekraft-
werk.de

FRÜHE ENERGIELEISTUNG
Erlebniskraftwerk Walchensee

Ein Industriedenkmal leistet seit bald 100 Jahren einen bedeutenden Beitrag zur Stromgewinnung in Bayern: das Walchenseekraftwerk. Zwischen 1919 und 1924 erbaut, wird der 200 Meter betragende Höhenunterschied zwischen Walchen- und Kochelsee zur Gewinnung elektrischer Energie genutzt. Oskar von Miller, Gründer des Deutschen Museums in München, leitete einst die entscheidenden Schritte zur Realisierung des Projekts ein. Selbst Ingenieur und Mitglied des Reichsrats der Krone, warb er dafür, die bayerischen Bahnen zu elektrifizieren und den übrigen Strom über Hochspannungsleitungen dem ganzen Land zukommen zu lassen.

Der Walchensee dient als natürlicher Speicher des Kraftwerks. Dessen Wasser wird durch einen Stollen in sechs weithin sichtbare Rohre zu den tiefer gelegenen Turbinen geleitet, danach fließt es dem Kochelsee zu. Am 26. Januar 1924 nahm das Walchenseekraftwerk seinen Betrieb auf, noch heute ist es eines der größten Hochdruckspeicher-Kraftwerke in Deutschland. Es liefert Grund- und Spitzenstrom.

Nach 1945 wurden Wasserdruck und Leistung durch eine Überleitung des Rißbaches noch erhöht. Dessen Wasser floss ursprünglich der Isar zu, danach war diese zwischen Sylvensteinsee und Wolfratshausen leider kein reißender Bergfluss mehr. Im Gegenzug aber lebte der Kochelsee auf. Durch das Wasser des Walchensees, das ihm über das Kraftwerk zugeführt wird, wird er verwirbelt. Er ist sauerstoffreich und im Sommer kühl. Heimische Fisch- und Pflanzenarten freut das, und im kalten Bergwasser des Kochelsees zu baden ist eine wahre Erfrischung.

Das Kraftwerk ist Pionierprojekt und seit 1983 geschütztes Industriedenkmal. Ein Informationszentrum wirft einen Blick auf die Entstehung und Bedeutung des Walchenseekraftwerks, das aus damaliger und heutiger Sicht eine echte Energieleistung ist.

SB

Von Schlehdorf aus führt ein Weg durch die Wiesen des Kochelsees. An dessen Ende können Sie an kleineren Buchten verweilen und baden – der Blick auf das Walchenseekraftwerk ist imposant.

47

Franz Marc Museum
Mittenwalder Straße 50
82431 Kochel am See
08851 924880
www.franz-marc-
museum.de

**Restaurant & Café Blauer
Reiter**
Franz Marc Park 8–10
82431 Kochel am See
08851 9292860
www.restaurant-
blauerreiter.de

BLICK INS BLAUE LAND
Franz Marc Museum

Natur und Landschaft spielten in der Kunst des Blauen Reiter eine herausragende Rolle. Der Künstler Franz Marc liebte die Gegend um Kochel und Sindelsdorf – sooft er konnte, verbrachte er hier seine Zeit, bis er schließlich ganz ins Tölzer Land zog. Hier wurde 1912 die berühmte Künstlergruppe *Der Blaue Reiter* gegründet. Marc liebte Tiere, allen voran Pferde, und er und Mitstreiter Wassily Kandinsky liebten die Farbe Blau – so soll der Name entstanden sein.

Seit 1986 zeigt das Franz Marc Museum auf 700 Quadratmetern bedeutende Werke des Künstlers und seiner Zeitgenossen wie *Springendes Pferd* von Marc oder *Große Promenade* von August Macke. Der Neubau aus dem Jahr 2008 wurde so konzipiert, dass die enge Verbindung von Landschaft und Kunst auf ideale Weise sichtbar, regelrecht spürbar wird. Große Fenster lassen den Blick auf den Kochelsee oder den Herzogstand frei und insbesondere das riesige Panoramafenster zieht die Landschaft geradezu in das Gebäude hinein, denn wie ein expressionistisches Kunstwerk zeigt es den Blick auf Berge, Bäume und den See dahinter.

Berühmte Originale, die faszinierenden Blicke, regelmäßige Sonderausstellungen sowie ein umfangreiches Programm ganz ohne Kunst vom sonntäglichen Yoga auf der Sonnenterrasse oder der Möglichkeit, im Museum zu heiraten, ziehen auch weniger Kunstbeflissene an. Vorbildlich das Angebot für Kinder. Immer sonntags und ohne Anmeldung wird freies Malen und Basteln angeboten. Dazu gibt es Workshops von Actionpainting über Filzen nach Motiven des Blauen Reiters bis zu anspruchsvollen Kursen, in denen die Teilnehmenden beispielsweise ihr erstes (Selbst-)Portrait zeichnen und viel über die Vorgehensweise und Techniken der verschiedensten Künstler kennenlernen.

HH

Feine leichte Küche sowie Kaffee und Kuchen gibt es im Restaurant Blauer Reiter mit seiner hübschen Terrasse gleich beim Museumseingang.

48

Fröhlichs Wirtshaus
Kocheler Straße 4
82439 Großweil
08851 5825
www.froehlichs-wirtshaus.de

Efendi Steak & Meze Lokal
Auweg 20
82439 Großweil
08851 9239145
www.efendilokal.com

KÖSTLICHES AUS DER RITTERBURG

Fröhlichs Wirtshaus

Da hat einer mit dem richtigen Namen sein Wirtshaus und seinen Küchenstil gefunden. Benjamin Fröhlich ist leidenschaftlicher Koch mit viel Sinn für Regionalität und pfiffigen Speisen, die alle glücklich machen. Das Fleisch stammt von Tieren ausgewählter Betriebe, die Schwäbisch-Hällische Schweine oder Murnau-Werdenfelser Rinder artgerecht halten und, wenn möglich, bio-zertifiziert sind.

Köstlich die hausgemachte Rinderbrühe mit Tafelspitz oder Brätspätzle, zart und perfekt gegart die Rindsroulade, ganz klassisch mit Speck und Gürkchen gefüllt, dazu frische Dinkelspätzle. Vegetarier bekommen fluffigen Bergkäse-Servietten-Knödel, als veganes Gericht werden Gemüse der Saison in der Pfanne knackig gebraten und mit Kräuter-Pasta serviert. Zusätzlich gibt es saisonale Spezialitäten mit Bärlauch oder Spargel im Frühling oder mit Pilzen im Herbst, das Wild kommt aus heimischer Jagd.

Man sollte unbedingt Platz lassen für die hausgemachten Desserts. Im Frühsommer locken marinierte Erdbeeren mit karamellisierten Kürbiskernen, Kernöl und Bourbon-Vanilleeis – ein Gedicht. Kinder werden hier nicht nur wegen des tollen Abenteuerspielplatzes mit Ritterburg glücklich, sondern auch, weil sie eine eigene, ganz in Rittermanier gestaltete Speisekarte bekommen. Dort gibt's Ritterschnitzel oder Königsbraten mit Pommes für 540 Cent oder Zwergensalat mit Himbeerdressing für 300 Cent. Und während man auf das Essen wartet, liegen Buntstifte bereit – die Kinderkarte gibt's nämlich gratis zum Ausmalen.

Von jedem Hauptgericht (der Erwachsenen) wird ein Euro an die Mukoviszidose-Stiftung Oberland gespendet, um Kindern, die mit dieser Stoffwechselkrankheit geboren wurden, besser helfen zu können. Das fröhlich-bunte Haus ist einfach ein Wohlfühlort für alle.

HH

Ganz in der Nähe befindet sich ein weiteres, ebenso besuchenswertes Restaurant, wo die begabte, aus der Türkei stammende Köchin mit viel Talent türkisch-bayerische Regional-Bioküche pflegt.

49

**Freilichtmuseum
Glentleiten**
An der Glentleiten 4
82439 Großweil
08851 1850
www.glentleiten.de

LEBENDIGE ZEITREISE
Freilichtmuseum Glentleiten

Wer die Vorteile eines »Rundumkasers« kennenlernen will, ist in Großweil richtig. Über 60 historische Bauwerke aus ganz Oberbayern findet man auf dem Gelände des Freilichtmuseums Glentleiten. Bauernhäuser und Almen, Mühlen und Werkstätten wurden hierhergebracht. Balken für Balken nahm man alte Gebäude auseinander, ganze Mauern inklusive Fenstern und mitsamt Putz und Farbe versetzte man hierher und konnte so jahrhundertealte Anwesen erhalten. Vielen der Gebäude drohte am Ursprungsort der Abriss. Zu ihrem Erhalt entstand die Idee für ein zentrales Freilichtmuseum, das 1976 eröffnet wurde.

Alle Gebäude sind für Besucher zugänglich, manche original eingerichtet, wie das Fischerweberhaus, das bis vor wenigen Jahren noch am Tegernsee stand. Um die Gebäude herum blühen Bauerngärten nach alter Manier, auf Blumenwiesen weiden Brillenschafe, und Hühner historischer Rassen picken zwischen Streuobst. Aus den Früchten wird wie einst Saft und Marmelade hergestellt und Schnaps gebrannt. Denn früher waren Bauern Selbstversorger, nur wenige Dinge wurden im Kramladen erstanden, den es auf der Glentleiten natürlich auch gibt. So wie den »Rundumkaser«, in dem der Wohnbereich innen liegt, während die Stallungen drum herum verlaufen. Das Vieh wärmt die Stube, so ist es sogar im tiefsten Winter kuschelig warm auf der Alm.

Ein modernes Konzept bekam das Wagnerhäusl, das für sehbehinderte und blinde Menschen mit Hör- und Taststationen eingerichtet wurde. Auch die Werkstatt des Wagners ist dabei, in Vorführungen können Besucher erleben, wie aus Holz ein Wagenrad oder eine Schubkarre gefertigt wird. Miterleben wird überall großgeschrieben, auch bei der Schaubrauerei mit Wirtschaft im Eingangsbereich. Von der Terrasse hat man einen herrlichen Blick über das Gelände.

HH

Schnüffeln, rätseln, nachdenken, fühlen – so sollen Kinder die Welt vor ungefähr 100 Jahren erfahren. Eigens dafür richtete das Freilichtmuseum Glentleiten ein »Rätselhaus« ein.

50

Kloster Benediktbeuern
Don-Bosco-Straße 1
83671 Benediktbeuern
08857 880
www.kloster-
benediktbeuern.de

KLANGVOLLES GESAMTKUNSTWERK
Kloster Benediktbeuern

Mitten im Loisachtal liegt das Kloster Benediktbeuern, dessen Gründung auf das Jahr 725 zurückgeht. Eigens dafür erwarb Kaiser Karl der Große eine Armreliquie des heiligen Benedikt. Von Beginn an stand das Kloster im Zeichen des Übergangs von der weltlichen zur geistlichen Herrschaft, bis es 1803 säkularisiert wurde und zeitweise in Staatsbesitz überging. Neben der Vieh-, Land- und Forstwirtschaft war es immer auch kulturelles Zentrum. Seine Malereien zeichneten es aus, aber auch die Bibliothek und jene Schreibstuben, in denen im 13. Jahrhundert Lieder von fahrenden Sängern aufgezeichnet wurden, meist Liebes- und Trinklieder. Aus allem setzten sich die mittelalterlichen Liederschriften der *Carmina Burana* zusammen, ein eindrucksvolles Schau- und Klangbild dieser Zeit, das im Benediktbeurer Kloster wiederentdeckt sowie später von Carl Orff vertont wurde.

Im 17. Jahrhundert wurde eine nach außen hin völlig neue Klosteranlage errichtet, die in ihrer Strenge noch Züge der späten Renaissance atmet, überwiegend jedoch vom Barock gekennzeichnet ist. Der Konventbau geht auf eine romanisch-gotische Substanz zurück, der Kreuzgang folgt dem Stil der Renaissance, hochbarock der Festsaal, dessen Deckengemälde ein Lob der Schöpfung darstellen. Auch die Klosterkirche erstrahlt im Glanz des Barocks, nordöstlich davon verweist die Mitte des 18. Jahrhunderts vom Baumeister Johann Michael Fischer (1692–1766) errichtete Anastasiakapelle auf das Rokoko. Kloster Benediktbeuern ist ein Gesamtkunstwerk. Überall erklingt heute Musik, außerdem ist es Heimat einer Trachteninformationsstelle, des Zentrums für Umwelt und Kultur, des Bezirksheimatpflegers und eines Bräustüberls. Die Salesianer Don Boscos, die das Kloster 1930 übernommen haben, komplettieren die Nutzung durch pädagogische Einrichtungen.

SB

Verweilen Sie ein wenig im verwunschenen Kloster-Café oder streifen Sie gegenüber durch die Klostergärtnerei – immer mit Blick auf die Benediktenwand dahinter.

51

Fraunhofer Glashütte
Fraunhoferstraße 2
83671 Benediktbeuern
08857 880
www.kloster-
benediktbeuern.de

Klosterbräustüberl
Zeilerweg 2
83671 Benediktbeuern
08857 9407
www.klosterwirt.de

ALLES IM FOKUS
Fraunhofer Glashütte

Das Benediktbeurer Kloster ist nicht nur kulturelle, sondern auch naturwissenschaftliche Wiege. Nach der Säkularisation im Jahr 1803 standen weite Teile des Klosters leer. Der Techniker und Unternehmer Joseph von Utzschneider (1763–1840), der 1801 den Staatsdienst quittierte und als Leder- und Tuchfabrikant bereits eine kleine Unternehmensgruppe unterhielt, gründete 1804 zusammen mit dem Erfinder und Ingenieur Georg von Reichenbach sowie dem gelernten Uhrmacher Joseph Liebherr in München ein mathematisch-mechanisches Institut. Im Jahr darauf erwarb er Teile des säkularisierten Klosters, darunter das ehemalige Waschhaus, um dort hochwertiges Glas herzustellen.

Der Ort bot sich an, gab es doch im Umland den für die Produktion so wichtigen Quarzsand und genügend Brennholz zum Anheizen der Öfen. Es gelang Utzschneider, den aufstrebenden Optiker und Physiker Joseph von Fraunhofer (1787–1826) für die Erforschung und Herstellung schlieren- und blasenfreien Glases zu gewinnen. Ziel war die Produktion von Linsen sowie von Fernrohren. Joseph von Fraunhofers Linsen gelten nach wie vor als Ursprung der Spektralanalyse, mit der weit entfernte Galaxien beobachtet werden können. Vor allem aber verstand es Fraunhofer, seine Forschungen erfolgreich mit der Anwendung und Vermarktung zu verknüpfen, weshalb er noch heute als Namenspatron der Fraunhofer-Gesellschaft dient.

1818 verkaufte Joseph von Utzschneider die Anlage dem bayerischen Staat, blieb jedoch Mieter, bis das Institut später nach München übersiedelte. In der ehemaligen Fraunhofer-Glashütte ist mittlerweile ein Museum mit originalen Schleifmaschinen, Prismen, Schmelzöfen und Linsen zu sehen. Es würdigt die Erfindungen an Ort und Stelle und das Wirken eines wegweisenden Forschers und Unternehmers im Benediktbeurer Kloster.

SB

Das Benediktbeurer Klosterbräustüberl ist doppelt besuchenswert. Innen sitzen Sie unter historischen Gewölben, vom Biergarten aus blicken Sie über den sonnigen Klosterhof in die Bergwelt.

52

Meditations- und Kräutergarten
Zentrum für Umwelt und Kultur
Zeilerweg 2
83671 Benediktbeuern
08857 88777
www.zuk-bb.de
www.kraeuter-erlebnis-laden.de

KLOSTERKRÄUTER — KRÄUTERKLOSTER
Meditations- und Kräutergarten

Der Meditationsgarten des Zentrums für Umwelt und Kultur im Kloster Benediktbeuern wurde vor rund zwei Jahrzehnten angelegt. Er befindet sich gleich beim zentralen Parkplatz Richtung Meierhof und nimmt die Besucher in Empfang. Es lohnt sich sehr, vor oder nach der Besichtigung der anderen Sehenswürdigkeiten des Klosters dort ein wenig innezuhalten. Das Labyrinth aus Pfaden und Beeten erstreckt sich über einen Durchmesser von gut 30 Metern, das Material für die Natursteinwege fand man bei Bauarbeiten unter der Grasnarbe, sie waren Teilstück eines historischen Weges im Kloster.

Wie in vielen Klöstern spielte die Auseinandersetzung mit der Natur – aus christlicher Sicht Gottes Schöpfung – eine große Rolle. Das Wissen um die Heilkraft vieler Pflanzen wurde von Ordensleuten erforscht und schriftlich festgehalten, so auch im *Benediktbeurer Receptar*, das um das Jahr 1250 verfasst wurde. Hiernach richten sich die vier Beetkreise des Meditationsgartens. Im äußeren wachsen »Kräuter für alle Sinne«, sodann folgen »Kräuter für die Küche«, schließlich Heilkräuter und der innerste Kreis ist Pflanzen mit Symbolkraft gewidmet. Die Pflanzen im Labyrinth sind allesamt beschriftet, so dass man sich jede Menge Anregungen holen kann. Die Klostergärtnerei bietet eine große Auswahl an Kräuterpflanzen in Bioqualität für den eigenen Garten.

Vornehmlich mit Wildkräutern beschäftigen sich die Kräuterpädagoginnen, die es im Tölzer Land zahlreich gibt. Der Kräuter-Erlebnis-Laden im Meierhof des Klosters dient als Anlaufstelle. Hier kann man Wildkräuter und Kräutermischungen kaufen. Wer allerdings selber suchen will, bekommt auch Informationen über Kräuterwanderungen oder Kochkurse, die von Bäuerinnen der Gegend angeboten werden.

HH

Im nahen Bad Heilbrunn wurde im Zentrum des Ortes ein wunderschöner Kräuter-Erlebnis-Park angelegt, der wie der Meditationsgarten ohne Eintritt zugänglich ist.

53

Kirche St. Georg
Am Bühel 6
83673 Bichl
08857 692890 (Pfarrbüro)
www.pfarrei-benedikt-
beuern.de

WIE EIN KLEINES KLOSTER
Kirche St. Georg

Das Loisachtal ist Klosterland. In Schlehdorf wurde das Kloster vermutlich von Bonifatius geweiht, am Walchensee liegt das Klösterl, auch Kochel besaß vor langer Zeit ein Kloster, und in Benediktbeuern erhebt sich, weithin sichtbar, die alte Benediktinerabtei, Anfang des 8. Jahrhunderts gegründet und mit weitreichendem Grundbesitz versehen. Auch die Gemeinde Bichl gehörte einst dazu.

Erstmals erwähnt wird Bichl 1048 in einer Urkunde des Kaisers Heinrich III., eventuell stand schon zu dieser Zeit in Bichl eine St. Georgs-Kapelle. Auf jeden Fall wird 1147, zu Beginn des zweiten Kreuzzuges, von einer kleinen, dem heiligen Georg gewidmeten Kirche erzählt, die auf einer Anhöhe errichtet worden war. Sie überdauerte Jahrhunderte, brach aber im Jahr 1666 zusammen. Der Benediktbeurer Abt Leonhard Hohenauer beauftragte den Münchner Barockarchitekten Johann Michael Fischer (1692–1766) mit einem Neubau, der 1751 begonnen wurde. Fischer vermochte es, wie schon in seinen großen Bauwerken, auch in dieser kleinen Kapelle Teilräume zu einer einzigen Einheit zu verbinden. Das macht die kleine Kirche so besonders. Die Freskomalerei schuf Johann Jakob Zeiller aus Reutte in Tirol. Im Hauptraum wird das Martyrium des heiligen Georg im Gewand des bayerischen Georgiritters dargestellt. Ungewöhnlich ist auch das Stuckdekor, das nicht plastisch gestaltet, sondern aufgemalt wurde. Dank seiner großen Qualität kann es als frühes Beispiel der illusionistischen Malerei gelten. Außen überragt ein nordseitiger Zwiebelturm das Dorf und die Umgebung. Erhaben ruht die Kirche St. Georg auf ihrer Anhöhe – fast so selbstbewusst wie ein kleines Kloster. Auf jeden Fall zählt sie zu den schönsten Dorfkirchen im Tölzer Land und weit darüber hinaus.

SB

Bichl ist ein intaktes Dorf, teils denkmalgeschützt, teils behutsam modernisiert. Hier stehen Getreidekästen des 16. Jahrhunderts neben Bauernhäusern mit barocker Wandmalerei – und Neubauten passen sich an.

54

Die Gartenlaube Franz Marcs, Gründungsort des Almanachs *Der Blaue Reiter*

Sindelsdorfer Malerweg
Start: Gartenlaube
Franz-Marc-Straße, Ecke
Hauptstraße
82404 Sindelsdorf
Informations-Pavillon
neben der Kirche St. Georg
08856 2661 (Gemeinde)
www.sindelsdorf.de

Off-Mühle
Mühlgasse 10
82404 Sindelsdorf
08856 2755
www.off-muehle.de

KAFFEEDUFT UND WELTKUNST

Sindelsdorfer Malerweg

Der unverwechselbare Landstrich östlich und westlich der Loisach, wo sich über den Höhenzügen der Berge Wetter und Wolken aufbauen und verdichten, wo sich darunter die Weite der Moore und Auen entfaltet, war die Geburtsregion des Almanachs *Der Blaue Reiter*. Das changierende Licht und die stets wechselnden Farben übten einen besonderen Reiz auf die Künstlerinnen und Künstler aus und bildeten letztlich ein Fundament für neue Blickweisen in der Bildenden Kunst. Von 1909 bis 1914 hatte Wassily Kandinsky in Murnau gelebt, 1902 lernte er die Berliner Malerin Gabriele Münter kennen, die zuerst seine Schülerin und bis 1914 seine Lebensgefährtin wurde. Im benachbarten Sindelsdorf lebten zu dieser Zeit bereits die Maler Jean Bloé Niestlé und Heinrich Campendonk sowie Franz Marc, der sich beim Schreiner Niggl ein Atelier eingerichtet hatte. In der dortigen Gartenlaube wurde im Jahr 1911 die Redaktion des Almanachs *Der Blaue Reiter* ins Leben gerufen – an einer geruhsamen Kaffeetafel, die alle auf engstem Raum zusammenführte.

So wurde ein kleiner Stall zur Geburtsstätte eines künstlerischen Aufbruchs. Die historische Laube wurde jüngst vor dem Verfall gerettet und mühevoll restauriert. Heute ist sie Teil eines klug ausgeschilderten Malerweges, der quer durch den Ort zu den Stätten des *Blauen Reiters* führt. Er öffnet Sichtachsen, wie sie auch die Maler sahen, er zeigt Gasthöfe und Cafés, in denen die Künstler verkehrten, und lenkt darüber hinaus den Blick auf die damaligen Wohnungen von Franz Marc, Jean Bloé Niestlé und Heinrich Campendonk. An einem Pavillon, in dem die Stationen des Rundgangs beschrieben und erklärt werden, beginnt der Malerweg. Dessen stiller Höhepunkt ist die berühmte Gartenlaube, in der die vielleicht bedeutendste Kaffeerunde der Kunstwelt ihren Platz fand.

SB

Regionales, biologisch angebautes Getreide wird in der Off-Mühle zu Mehl vermahlen. Dazu bietet der hübsche Mühlenladen Brotbackmischungen, Gewürze und vieles mehr.

55

**Museum Penzberg –
Sammlung Campendonk**
Am Museum 1
82377 Penzberg
08856 813480
www.museum-penzberg.de

**Bergwerksmuseum
Penzberg**
Karlstraße 36
82377 Penzberg
08856 813128
www.bergwerksmuseum-
penzberg.de

EIN ZWILLING MIT ERFOLG

Museum Penzberg – Sammlung Campendonk

Als Heinrich Campendonk (1889–1957) nach Studien in Krefeld im Jahr 1911 von den Malern Wassily Kandinsky und Franz Marc eingeladen wurde, an Ausstellungen des *Blauen Reiters* teilzunehmen, da führte ihn der Weg nach Penzberg und ins bayerische Voralpenland. Campendonk wurde jüngstes Mitglied der noch jungen Künstlergruppe und widmete sich fortan der bildhaften Darstellung in kräftigen Farben und der Hinterglasmalerei. Hier wie dort waren die Konturen klar, die Sprache symbolhaft, die Formgebung diszipliniert. Auch wenn die Einflüsse des *Blauen Reiters* im Œuvre erkennbar sind: Campendonk blieb stets ein künstlerischer Solitär.

Penzberg konnte sich der weltweit größten Sammlung der Werke Campendonks versichern und eröffnete 2016 das *Museum Penzberg – Sammlung Campendonk*. Sonderausstellungen und eine wechselnde Hängung legen verschiedene Entwicklungslinien des Künstlers frei und stellen Bezüge zur regionalen Kulturgeschichte her, zum Expressionismus und *Blauen Reiter*, zur Hinterglas- und Landschaftsmalerei oder zur industriellen Entwicklung, schließlich ist Penzberg als ehemalige Bergarbeiterstadt prädestiniert dafür.

Der Anspruch des *Museums Penzberg – Sammlung Campendonk* ist ein doppelter, verkörpert vom neuen Zwillingsbau. Darin würdigt der moderne Teil den Maler Campendonk, der ältere das gelebte Erbe der Stadt und den Museumsbestand zur örtlichen Zeitgeschichte. Ein gläsernes Entree bildet die Brücke zwischen dem denkmalgeschützten Bergarbeiterhaus mit seiner historischen Bergarbeiterwohnung und dem streng gehaltenen Neubau. So gesehen ist das *Museum Penzberg – Sammlung Campendonk* ein doppelt gelungenes – hier der Blick auf das farbintensive Werk von Campendonk, dort die Auseinandersetzung mit der Neuzeit. Das Museum ist ein Erfolg und großer Wurf, in vielerlei Hinsicht.

SB

Bis 1966 wurde in Penzberg Pechkohle abgebaut. Als die Förderung nicht mehr rentabel war, wurde sie eingestellt. Das Bergwerksmuseum erinnert an das Leben unter Tage und zeigt Arbeitsgerät und Dokumente.

56

Islamisches Forum
Bichler Straße 15
82377 Penzberg
08856 932332
www.islam-penzberg.de

Christkönigkirche
Sigmundstraße 18
82377 Penzberg
08856 92140 (Pfarramt)
https://wpchristkoenig.
christkoenig.de

BLÄUE LEUCHTET
Islamisches Forum

Etwas mehr als 25 Jahre besteht die Islamische Gemeinde Penzberg – als gemeinnütziger Verein in einer sozial orientierten Stadt, die Menschen aus mehr als 150 Nationen eine Heimat bietet. Einst in den Neunzigerjahren war der selbstverständliche Auftritt einer islamischen Gemeinde im ländlichen Raum zwischen Pfaffen- und Isarwinkel eine Besonderheit, nicht auf Grund des Glaubens, sondern wegen der unaufgeregten Klarheit, die mit dem Auftritt der Gemeinde im städtischen Leben Penzbergs einherging. Die alte Bergarbeiterstadt mit neuer Industrieansiedlung ließ das zu. Dort konnten sich Lebensentwürfe freier entwickeln, auch die des Glaubens, wie immer der auch hieß.

Die Islamische Gemeinde Penzberg verstand sich von Beginn an als multinational und weltoffen. Nach 1994 wuchs der Bedarf eines repräsentativen Gebetsraumes für die etwa 600 Mitglieder. Im Herbst des Jahres 2005 konnte er eröffnet werden – als Islamisches Forum mit wegweisendem Anspruch. Es bekennt sich zu Demokratie, Pluralismus, Rechtsstaatlichkeit und Gleichberechtigung sowie zur Verantwortung gegenüber Natur und Umwelt.

Die zeitgenössische Architektur spiegelt das wider. Sie ist strahlend transparent und geht auf den Augsburger Architekten Alen Jasarevic zurück, der ursprünglich aus Bosnien stammt. Der Bau ist licht und schlichtweg schön, Minarett und Fassade integrieren Spruchweisheiten, ein tiefblaues Fenster verwandelt den Innenraum in ein Paradies, verziert von Arabesken und Kalligrafien. Alles schimmert im Schein der Bläue, alles wird zur Metamorphose. Innen wird deutlich, wie eng das Gebet mit der Meditation verbunden ist, nach außen zeigt das Islamische Forum, wie viel Schönheit der Islam in eine Stadt bringen kann.

SB

Heinrich Campendonk, jüngstes Mitglied der Künstlergruppe *Blauer Reiter*, hat in der Penzberger Christkönigskirche zwei Glasfenster gestaltet – eine leuchtende Ergänzung zum hellen Bau des Islamischen Forums.

57

Start: Parken in Schön-
mühl, von der Kapelle
Richtung Gasthaus
Schönmühl entlang der
Loisach
82377 Penzberg

IMMER TROCKENEN FUSSES
Rundwanderung durch die Loisachfilze

Das Loisachtal ist ein einziges Naturschauspiel. Im tiefen Grün und Blau schmiegt sich der Kochelsee in ein massives Bergdreieck aus Herzogstand und Heimgarten auf der einen sowie Benediktenwand und Jochberg auf der anderen Seite – davor das Loisachland. Wie Beobachter eines täglichen Naturgeschehens ruhen dort inmitten weiter Wiesen und Moore die Orte Kochel, Benediktbeuern und Bichl sowie Schlehdorf und Großweil direkt unterhalb der Berge. Die Eiszeit hatte im Loisachtal für eine alpine Umformung der Landschaft gesorgt und vor allem Schotter, Sand und Löß hinterlassen, fruchtbaren Boden also. Frühzeitige Ansiedlungen folgten, die Kelten gaben der Loisach ihren Namen – sie nannten sie »liubis-aha«, das unheimliche Gewässer. Die Loisach entspringt im Leermooser Becken auf 1.000 Meter Höhe und durchfließt das Werdenfelser und Tölzer Land, bis sie sich in Wolfratshausen mit der Isar vereint.

Mitten drin die Loisachfilze. Sie bieten einen guten Gesamteindruck dieser besonderen Landschaft und sind Teil des Moorgebiets zwischen Kochelsee und Penzberg. Filze sind Hochmoore und deshalb nicht so feucht und schlammig wie Niedermoore beziehungsweise Moose. Hochmoore sind gut zu gehen. Ein rund zehn Kilometer langer Wanderweg führt durch die Loisachfilze. Er beginnt in Schönmühl. Von dort geht es an der Loisach bis zu einer Brücke und anschließend am Urthaler Hof und Riederner Weiher vorbei zum Weiler Sankt Johannisrain und über Edenhof zurück nach Schönmühl. Überall öffnet sich der Blick in die Berge, nicht nur Ornithologen sollten ein Fernglas dabeihaben. Wälder, Wiesen und Weiher wechseln einander ab und scheinen sich seit Urzeiten nicht verändert zu haben. Fauna und Flora verändern ihre Form und Farbe, je nach Tageslicht und Jahreszeit. Die Loisachfilze sind eine Erlebniswanderung wert.

SB

Wenn Sie Sankt Johannisrain durchwandern, sehen Sie dort die Filialkirche St. Johann mit seiner Zwiebelhaube aus dem 18. Jahrhundert – die ursprünglich gotische Kapelle wurde barockisiert.

58

Hofcafé Otthof
Faistenberg 3
82547 Eurasburg-
Faistenberg
08179 997136
www.otthof.de

Loisachtaler Bauernladen
Christianstraße 6
82377 Penzberg
08856 921716
www.loisachtaler-
bauernladen.de

BERGBLICK MIT GENUSS
Hofcafé Otthof

Der Otthof hat das Zeug zum Lieblingsplatz gleich aus mehreren Gründen. Er liegt nach Süden ausgerichtet im kleinen Faistenberg, einem Ortsteil von Eurasburg. Der Blick in die Berge ist phänomenal, an klaren Tagen so schön, dass beinahe die Worte fehlen. Übers hofeigene Kircherl hinweg, über Wiesen und Wälder bis zu den Alpen – man blickt von den Tegernseer Bergen bis zum Karwendel und noch viel weiter.

Am Hof fühlt man sich gleich auf der hübschen Terrasse wohl, ein kleiner Blumenstrauß steht auf jedem Tisch, die Speisekarte ist in Filz gebunden. Begrüßt wird man schon an der Straße von einer imposanten hölzernen Kaffeetasse – »Willkommen am Otthof« steht drauf. Ein Blick in die Karte oder auf die Tafeln verraten, welche kleinen Gerichte und Kuchen es heute gibt. Die sind von Rosi Spindler selbst gebacken. Öffnet man die Speisekarte, fallen gleich als erstes einzelne Blätter heraus – die nette Kinderkarte, auf der Rückseite zum Ausmalen, Buntstifte gibt's selbstverständlich dazu. Die Karte beginnt mit der Geschichte des Hofs, der seit 1735 im Familienbesitz ist. Die Eltern schon haben mit der Landwirtschaft aufgehört und Platz für Feriengäste geschaffen – welch wunderbare Idee an diesem schönen Ort. Und Rosi schließlich eröffnete 2016 das Hofcafé. Ihr Mann Stefan betreibt ein ökologisches Holzbauunternehmen und ist für die gemütliche Stube drinnen genauso verantwortlich wie für den Kinderspielplatz auf der Wiese neben der Terrasse.

Nun kann man zwischen Kaffee von der Rösterei Wildkaffee aus Garmisch und Biotee aus dem Chiemgau, Bier von Maxlrain und Saftschorlen oder Faistenberger *Hugo* wählen und für Hungrige gibt es zünftige Brotzeiten, die regionalen Lieferanten findet man ebenfalls aufgelistet.

HH

Schinken, Lyoner & Co der Otthof-Brotzeit stammen vom Loisachtaler Bauernladen aus Penzberg, der Fleisch von ausgewählten Höfen der Region zu köstlicher Wurst verarbeitet.

59

Kastler-Kunst-Meile
Kellerweg 6
82547 Eurasburg-Happerg
08179 94760 (Gemeinde)
www.eurasburg.de

Kloster Beuerberg
Klosterstraße 2
82547 Eurasburg
www.eurasburg.de
www.klosterkueche-
beuerberg.de

WUNDERSAME ZEITGENOSSEN
Kastler-Kunst-Meile

In Happerg bei Eurasburg stehen sie mitten in der Landschaft, die wundersamen Figuren des Künstlers Hans Kastler. Es sind Protagonisten eines Schauspiels zwischen Natur und Kunst, zwischen Landschaft und Gestaltung.

Hans Kastler, 1931 im oberösterreichischen Klam geboren, hatte sich 1969 nach Ausbildungen zum Holzbildhauer in Hallein und Stipendien in Amerika hier in Happerg niedergelassen. Dort fühlte er sich schnell heimisch. Sein Atelierhaus wurde zum Ort künstlerischer Aufbrüche, zunächst zur dualen Plastik und nach 2000 zur gegenstandslosen, in sich verbundenen Figurenkonstellation. 2014 musste Hans Kastler sein Atelierhaus krankheitsbedingt verlassen, 2016 verstarb der Künstler, doch sein letzter Wille war es, vor seiner langjährigen Wirkungsstätte einen Skulpturenpark einzurichten. Ein freiwilliger Landtausch machte das möglich, die Kunstwerke wurden der Gemeinde als Dauerleihgabe zur Verfügung gestellt. Die pflegt und unterhält das besondere Kunstareal, das an Hans Kastler erinnert. Wie selbstverständlich stehen dort ein monumentaler Gorilla und ein lauernder Keiler aus Bronze, beide in der Form geglättet und ausdrucksstark in ihrer Nähe zur Realität. Ganz anders eine Lebenssäule aus Carrara-Marmor und eine Edelstahlskulptur, die den Raum jeweils in vertieften Strukturen erschließen. Durchaus organisch verstehen sich Werke, die Stein und Stahl zur Blüte werden lassen. Kosmischen Komponenten folgen eine Sonnenuhr und der Kugelschnitt, grazil verhalten sich ein weiblicher Clown und der grandios bewegte Florettfechter. Der Skulpturenpark ist nicht groß, doch bildet er das Spektrum des Künstlers nahezu vollständig ab. Er ist eine intensive und sensible Auseinandersetzung mit dem Werk von Hans Kastler. An ihn in Happerg zu erinnern, ist ein Fest für die Augen.

SB

Zu Eurasburg gehört auch Kloster Beuerberg, dessen Entstehung ins 12. Jahrhundert zurückreicht. Heute wird es vom Erzbistum München und Freising für Ausstellungen und Konzerte genutzt, aus der Klosterküche kommen kulinarische Liebesbotschaften.

60

**Beach Bar am
Kleinen Seehaus**
Buchscharnstraße 11
82541 Münsing-Sankt
Heinrich
08801 550
www.kleines-seehaus.de

Fischerei Huber
Buscharnstraße 10
82541 Münsing-Sankt
Heinrich
08801 802
www.camping-beim-
fischer.de

MITTELMEERFEELING AM SEE
Beach Bar am Kleinen Seehaus

Es gibt Plätze, die haben das Zeug, den Gedanken aufkommen zu lassen, dass lange Urlaubsfahrten, am Ende noch mit Staus, einfach Unsinn sind. Die Beach Bar vom Kleinen Seehaus ist ein solcher. Sie liegt auf einer kleinen Halbinsel im Süden des Starnberger Sees, drum herum das schöne Badegelände von St. Heinrich, bewachsen mit stattlichen Laubbäumen, die Straße außer Hörweite. Sogar der Radweg führt weiter oben vorbei, nur ein schmaler Fußweg zieht sich am See entlang.

Wer Mittelmeer-Sehnsucht hat, findet hier Sand, Liegestühle und Sonnenschirme, unter denen sich vorzüglich ein Espresso, Cappuccino und Prosecco schlürfen lässt. Für Frankophile steht »vive la différence« auf Sonnensegeln, unter denen man auch edlen Champagner genießen kann. Ibizafeeling entsteht durch allerlei fröhlich-bunte Dekoration am Selbstbedienungskiosk, wo man sich Getränke und kleine Speisen holen kann. Hier bekommt man Steckerleis, Radler und Limo, aber die leidenschaftlichen Gastronomen bieten auch hausgebeizten Lachs, Bouillabaisse oder frische Renke aus dem Starnberger See an. In der Nebensaison hat die Strandbar direkt am See nur am Wochenende geöffnet, doch im Sommer kann man auch unter der Woche die herrliche Aussicht genießen und den Kindern beim Planschen oder Spielen im Riesensandkasten zusehen.

Wer die Kochkunst von Markus Sulzmann genießen möchte, sollte unbedingt reservieren, denn das Restaurant Kleines Seehaus hat nur wenige Tische. Dort bekommt man dann köstlichen Fisch aus See und Meer in allerlei Varianten. Das Fleisch stammt meist vom nahen Hofladen Doll, der für seine ökologische Weidehaltung bekannt ist. Erwähnenswert ist die opulente Champagner-, Wein- und Digestif-Karte. Schleckermäuler sollten Platz für die feinen Desserts lassen.

HH

Frischen sowie geräucherten Fisch und sogar Matjes vom Starnberger See erhält man bei Susanne Huber direkt an der Uferstraße. Wer bleiben will: es gibt hübsche Zimmer, Ferienwohnungen und einen Campingplatz.

61

Kirchberg mit Friedhof an der Kirche St. Johann Baptist
Kirchbergstraße 10
82541 Münsing-Holzhausen
08177 231
www.muensing.de

Gasthaus Zum Fischmeister
Seeuferstraße 31
82541 Münsing-Ambach
08177 533
www.zumfischmeister.com

EINE LEBENSFROHE RUHESTÄTTE

Kirchberg mit Friedhof an der Kirche St. Johann Baptist

Egal ob man gerade auf einer Radeltour durch das Alpenvorland ist oder auf dem Weg zum Starnberger See – es lohnt sich aus mehreren Gründen, einen kleinen Abstecher auf den Kirchberg in Holzhausen zu machen. Es ist ruhig hier oben, der Blick schweift weit ins Land, zum See und zu den Bergen, von denen man im Winter, wenn die stattlichen Laubbäume kahl sind, natürlich viel mehr sieht als im Sommer. Zur schönen Jahreszeit aber blühen allerlei Blumen, mit denen die Gräber des kleinen, terrassenartigen Friedhofs üppig geschmückt sind. Doch man findet hier nicht die übliche, »ordentliche« Grabbepflanzung, sondern Katzenminze und Flammenblumen in bunten Farben, Lavendelsträucher und vor allem Rosen in unzähligen Sorten. Irgendjemand scheint irgendwann auf die Idee gekommen zu sein, die Gräber naturnah zu gestalten und damit ein Insektenparadies zu schaffen. Überall brummen und summen Bienen, Hummeln und Taubenschwänzchen. Die Ruhe stört das keineswegs, genauso wenig wie die Kirchenglocken und die Übungsetüden des Organisten in der Kirche St. Johann Baptist.

Kulturinteressierte entdecken wunderschöne bayerische schmiedeeiserne Grabkreuze und bekannte Namen wie den Historiker Sigmund von Riezler, Rose-Marie Bonsels, die dritte Ehefrau des Biene-Maja-Autors Waldemar Bonsels, und das Familiengrab der Bierbichlers, die seit Generationen Gastwirte und Fischmeister zu Ambach sind.

Die Villa Bonsels befindet sich unten in Ambach an der Seestraße; man kann sie nicht besichtigen, aber das imposante, bunte Holztor lohnt einen Blick. Wenige Schritte weiter das Gasthaus Zum Fischmeister der Familie Bierbichler, in der seit alter Zeit Ausflügler aufs Beste verköstigt werden, heute mit Biofleisch vom Packlhof, Bioeis und vielen weiteren regionalen Köstlichkeiten.

HH

Kehren Sie im nahen Ambach im Gasthaus Zum Fischmeister ein und genießen die vorzüglichen Fischangebote. Der Fisch stammt von der Forellenzucht Aumühle in der Pupplinger Au nähe Schäftlarn.

62

Flößerpfad
Einstieg: Alte Floßlände
82515 Wolfratshausen
08171 214206 (Tourist-Info)
www.tourismus.wolfrats-
hausen.de (Download
Fragebogen)

**Freizeitpark Märchen-
wald im Isartal**
Kräuterstraße 39
82515 Wolfratshausen
08171 3855838
www.maerchenwald-
isartal.de

DER FLUSS IST DER WEG
Flößerpfad an der Alten Floßlände

Die Flößerei hat sich verändert. Einst war sie eng verbunden mit mehreren Orten an Isar und Loisach. Heute ist sie freizeitliches Erlebnis, von Floßmeistern organisiert. Ab Wolfratshausen befahren nur noch Partyflöße die Isar. Klöster, Kirchen, Wasserfälle, Floßrutschen ziehen dann vorbei und die Flößerei dient der Feier von bis zu drei Dutzend Menschen.

Wer jedoch kein Floß besteigen will, kann im Ort rund um ein Flößerdenkmal an der Floßlände die Wasserwege der Flößerei erwandern. Dabei wird schnell klar: Die Flößerei ist ein uraltes und stolzes Handwerk. Vermutlich benutzten schon die Römer die reißenden Bergflüsse als Transportweg. Isar und Loisach dienten als schnelle Verbindung zur Donau und damit zu weiten Teilen Südosteuropas. Das Gefälle der Isar betrug zwischen Mittenwald und München annähernd 400 Meter, was eine durchschnittliche Floßgeschwindigkeit von acht bis zehn Stundenkilometern ermöglichte. Die Flöße waren damit schneller als so manches Pferdefuhrwerk, zudem waren sie flugs gebaut. Etwa 16 bis 18 Stämme, die nicht länger als 18 Meter sein durften, wurden mit Schnallen, Eisenkrampen und Drahtseilen verbunden, zudem mit Querriegeln stabilisiert und zu Wasser gelassen. Der Wert des Floßes als Transport- und Fortbewegungsmittel stieg ständig an. Im Jahr 1159 wurde den Wolfratshausener Flößern von Graf Berthold III. das Zunftrecht verliehen, alte Urkunden aus dem 13. Jahrhundert sprechen von einem blühenden Handwerk. Die Flöße transportierten Kalk, Stein oder Holz, aber auch Käse, Getreide, Instrumente, Wolle, Rüstungsgegenstände und Bier. Erst die Eisenbahn verdrängte das Floß als Transportmittel, heute ist es schlicht nur noch Vergnügen.

Kinder können anhand der Infotafeln entlang des Pfads Fragen beantworten und mit dem ausgefüllten Fragebogen an einem Gewinnspiel teilnehmen.

SB

In den Wäldern vor Wolfratshausen liegt der Märchenwald, ein Freizeit- und Erlebnispark für Klein und Groß mit Fahrgeschäften und 260 bewegten Figuren aus über 20 Märchen.

63

Museum der Stadt Geretsried
Graslitzer Straße 1
82538 Geretsried
08171 6298161
www.geretsried.de

Kulturbühne *Hinterhalt*
Leitenstraße 40
82538 Geretsried-Gelting
08171 238104
www.hinterhalt.de

LEBENDIGE GESCHICHTE

Museum der Stadt Geretsried

Unter anderem mit Menschen auf der Flucht beschäftigt sich das noch junge Museum der Stadt Geretsried. Zunächst gibt es Einblick in die Geschichte, als Geretsried noch eine Schwaige war. Zur Stadt wurde der Ort erst 1950 mit der Gemeindegründung. Das heutige Stadtgebiet war vor dem Zweiten Weltkrieg Wald – ideal, um während des Kriegs zwei Munitionsfabriken darin zu verbergen. Viele Zwangsarbeiter wurden in den Betrieben eingesetzt. Diesen Teil der Stadtgeschichte thematisiert das Museum genauso wie die Zeit nach dem Zweiten Weltkrieg, als viele Vertriebene mit deutschen Wurzeln aus dem Egerland, Schlesien, Siebenbürgen oder Donauschwaben in den nun leer stehenden Fabrikhallen untergebracht wurden. Deutlich wird so der Zusammenhang zwischen Vertreibung und dem von Deutschland begonnen Krieg.

Auf sehr anschauliche und feinsinnige Weise wird das Schicksal der Flüchtlinge dargestellt: Ein leerer Fleck an der Wand, wo vormals wohl ein Familienbild hing; oder ein kleiner Koffer, der das einzige Hab und Gut beherbergte; Guckkästen mit farbigen Fotos, die verdeutlichen, wie schwer das Verlassen der Heimat gewesen sein muss.

Neben dem Leid durch Krieg und Vertreibung zeigt das Museum aber auch den Lebenswillen und Erfindungsreichtum der Menschen, denen es bald gelungen ist, aus nahezu nichts etwas zu erschaffen – Haushaltsgegenstände oder Werkzeuge aus allerlei zweckentfremdeten Materialien. Daneben der Bau von Musikinstrumenten, vor allem von Blasinstrumenten, wie sie es im Egerland gab. Ihr Klang füllt einen weiteren Raum des Rundgangs. Mit Traditionen, Festen und Feierlichkeiten, lustigen und ernsthaften Bräuchen beschäftigen sich andere Teile der Ausstellung. Zum Schluss finden sich die Besucher in einer Küche wieder, die zeigt, wie und was gekocht wurde: zum Beispiel Schlesisches Himmelreich, Karlsbader Oblaten oder Siebenbürger Wurst mit Knoblauch.

HH

In Gelting, einem Ortsteil von Geretsried, sind im *Hinterhalt*, einer 1991 gegründeten Kabarett- und Konzertbühne, immer wieder regionale Musiker und Bands mit Jazz, Funk, Soul und Rock zu Gast.

64

Kalkofen
Kalkofenweg Richtung
Arzbach
83661 Lenggries
08042 5008800 (Tourist-
Information)
www.lenggries.de

IM SCHWEISSE DES ANGESICHTS
Kalkofen

Dort, wo die nacheiszeitliche Isar zwischen Brauneck und Geierstein große Schotterablagerungen hinterließ, entstanden einst längere Kiesbänke. Bis heute werden sie Griese genannt, und aus den langen Griesen wurde Lenggries, um 1200 erstmals urkundlich erwähnt und danach ein aufstrebender Ort des holz- und steinverarbeitenden Handwerks.

Ein wenig versteckt lässt sich nördlich von Lenggries auf dem Weg nach Arzbach ein frühindustrielles Denkmal entdecken. Dort erhebt sich inmitten kleiner Wiesen einer der letzten freistehenden Kalköfen des Isarwinkels. Er wurde baulich kaum verändert und ruht wie ein historisches Monument in sich selbst. Noch Anfang des 20. Jahrhunderts gab es zwischen Tölz und Lenggries gut ein Dutzend solcher Kalköfen, denn Kalk zu brennen war einerseits ein lohnendes Handwerk, andererseits aber ein ausgesprochen mühsames. Geeignete Steine mussten dafür gesammelt werden. Das war den sogenannten »Stoaweibern« vorbehalten. Sie fanden kleine und große Steine im Kiesbett der nahegelegenen Isar und trugen sie im Schweiße ihres Angesichts hinauf zum Ofen, wo sie bei 1.000 Grad zu Kalk gebrannt wurden. Große Mengen Brennholz waren dafür nötig, weshalb die umliegenden Wälder unter einer zunehmenden Rodung litten. Schnell wurde Holz zur kostbaren Ressource, und da es auch Heizmaterial war und dem Bau von Häusern und Flößen diente, drohte den Wäldern des Isarwinkels alsbald der Kahlschlag. Knappe Güter waren auch schon in früheren Jahrhunderten ein Thema. Die Zahl der Kalköfen wurde auf Betreiben der Bevölkerung eingegrenzt. Umso außergewöhnlicher ist der Kalkofen von Lenggries, der erhalten blieb und heute noch begehbar ist. Nach wie vor kann er von einem alten, beschwerlichen Handwerk erzählen.

SB

Alljährlich im September richtet die örtliche Künstlervereinigung in der ehemaligen Schlossbrauerei eine Kunstwoche mit regionaler und überregionaler Beteiligung aus. Das Schaubild ist jedes Mal facettenreich.

65

Gasthaus Schweizer Wirtin
Schlegldorf 83
83661 Lenggries-Arzbach
08042 8902
www.schweizer-wirt.de

Restaurant Einbachmühle
Einbachstraße 119
83646 Wackersberg
08041 730923
www.einbachmuehle.com

Gasthaus zur Schweiz

Bes Georg Wörner

KÖSTLICHE ALPENKÜCHE
Gasthaus Schweizer Wirtin

Wahrlich ein Traditionshaus, denn schon seit 1632 werden hier Gäste bewirtet. Auch wenn Barbara Hipp den angestammten Namen *Gasthaus zur Schweiz* beziehungsweise *Schweizer Wirt* augenzwinkernd in *Schweizer Wirtin* abgewandelt hat. Der Name hat nichts mit ihr oder einem früheren Wirt aus der Schweiz zu tun, sondern kommt von Schweizer Kühen, die – so die Mär, nachzulesen auf der Tafel an der Hauswand – im Dreißigjährigen Krieg von den Schweden gestohlen und wieder zurückgetrieben wurden.

Heute verwendet die Köchin viele Produkte der Region, darunter natürlich auch Rind. Daraus entsteht eine hausgemachte köstliche Rinderkraftbrühe, als Einlage Frittaten oder Nockerl. Zur gekochten Ochsenbrust gibt's Kren. Die Vermählung von bayerischer und österreichischer Küche findet hier höchste Vollendung. Kein Wunder, dass man zum Nachtisch Marillenpalatschinken, also Crêpes mit Aprikosen, genießen kann.

Auf der Tageskarte findet man regelmäßig »Schmankerl aus der Region«, häufig heimisches Wild aus dem Isarwinkel, wie etwa Hirschgulasch mit hiesigen Schwammerln und Topfenspätzle oder edle Rehnüsschen mit Rahmpfifferlingen und Gemüse. Nennenswert die dichten, gekonnt zubereiteten Soßen, egal ob zum Wild oder zum klassischen Schweinsbraten. Kompliment auch dafür, dass Gemüse bei fast allen Tellern, die aus Barbara Hipps Küche kommen, Aufmerksamkeit erlangt, was sonst leider recht selten ist. So gibt es je nach Jahreszeit Spargel, Rahmspinat oder knackige grüne Böhnchen, Kürbisspalten und Rosenkohl. Die Kalbsleber wird mit reschen Zwiebeln und aromatischen Apfelspalten serviert. Doch bei aller Regionalität schaut die Köchin auch über den hiesigen Tellerrand hinaus und bietet Räucherlachs oder Jakobsmuscheln mit Mango an. Dazu könnte man aus der nennenswerten Weinkarte ein gutes Tröpfchen wählen, sofern man nicht beim Kaltenberger Bier bleibt.

HH

Ebenfalls empfehlenswert ist das Restaurant Einbachmühle im nahen Wackersberg. Hier gibt's bayerische Küche mit kulinarischen Ausflügen nach Thailand und anderswo. Hausgemachte Burger erfreuen Klein und Groß.

66

Isarradweg zwischen
Lenggries und Bad Tölz
Start: Bahnhof Lenggries
83661 Lenggries
www.isarradweg.de

Café Love
Amortplatz 2
83646 Bad Tölz
08041 7991561
www.cafelove.de

EIN FLUSS IN WEISS—BLAU
Isarradweg zwischen Lenggries und Bad Tölz

Die Isar entspringt zwar in Österreich, doch ist sie ein zutiefst oberbayerischer Fluss, eine weiß-blaue Hauptschlagader von den Bergen bis zur Mündung in die Donau bei Deggendorf. Wer mag, kann den in ganzer Strecke gut ausgebauten Isarradweg in mehreren Tagen radeln.

Der Abschnitt von Lenggries bis Bad Tölz ist bestens für weniger Trainierte oder für Familien mit Kindern geeignet. Zwischen Kiesbänken und Auenlandschaft schlängelt sich der Fluss durchs Tal. Man sollte diese Strecke langsam radeln und Zeit für Pausen am Wegesrand einplanen. Zu schön ist die Natur, mit seltenen Pflanzen bestückt, zu imposant die Bergkulisse am Fuß des Braunecks. Wie wäre es, eine Menge flache Steine zu sammeln und einen möglichst hohen Turm aufzurichten? Wer sich auskennt, kann an den Isarkieseln mit den vielen verschiedenen Farben und Texturen die Geschichte der Entstehung der Alpen ablesen. Vom Muschelkalk mit seinen farbigen Ablagerungen zu Dolomit- oder Jurakalken, fast wie Marmor der eine, rot oder grün gefärbt der andere bis zu glitzerndem Quarz und sogar Bergkristall (sehr schön zusammengefasst auf der Website isar-kiesel.de). Die Strecke radelt man in einer knappen Stunde, so dass man auch wieder zurückstrampeln kann; gut zwei Stunden braucht man zu Fuß auf dem ebenfalls empfehlenswerten Wanderweg.

Mit dem Rad könnte man auch weiter bis Wolfratshausen und durch die malerische Pupplinger Au bis München. Startet man von der Landeshauptstadt, fährt man mit der BOB (Bayerische Oberlandbahn) bis Bad Tölz, vom Bahnhof bequem hinunter zur Isar und radelt nach München zurück. Die Strecke Tölz-Wolfratshausen verläuft bisweilen etwas entfernt zum Fluss durch Wiesen und Weiden; insbesondere im Frühjahr ein Genuss.

HH

Empfehlenswert ist eine Einkehr in Bad Tölz beim Café Love mit kleinen Gerichten, köstlichen Kuchen und sagenhaftem Blick auf Isar und Stadt. Wohlgefühl garantiert!

67

Idealhang im Wan- der- und Skiparadies Brauneck

Brauneck-Bergbahn
Gilgenhöfe 28
83661 Lenggries
08042 503940
www.brauneck-
bergbahnen.de

Villa Lustig

Untermurbach 22
83661 Lenggries
08042 974970
www.villa-lustig.de

DEM HIMMEL ENTGEGEN
Idealhang im Wander- und Skiparadies Brauneck

Das Brauneck gehört wie selbstverständlich zum Tölzer Land. Der 1.556 Meter hohe Ausläufer der Benediktenwand ist Hausberg von Lenggries und thront erhaben über dem breit mäandernden Tal der Isar, die hier ihren Lauf vom Sylvensteinspeicher über Lenggries und Gaißach nach Bad Tölz nimmt. Im Sommer ist das Brauneck ein weitläufiges Wandergebiet mit Panoramablick über die Nordalpenkette und Oberbayern. Ein großer und kleiner Höhenweg führt von der Bergstation der Seilbahn unterhalb der Spitzwand bis hinüber zur Benediktenwand und zurück. Die Hüttendichte sucht ihresgleichen und ist in höchstem Maße verlockend.

Im Winter wiederum wird das Brauneck zur Skiadresse für Klein und Groß. Hier starteten Michaela und Hilde Gerg sowie Martina Ertl ihre Skikarrieren – von Meisterschaften und olympischen Medaillen gekrönt. Vom Gipfel aus führt eine Weltcupabfahrt hinab ins Tal. Unten im Tal verweilen kleinere Skifahrer auf leichten Pisten oder sie besuchen den Kinderzirkus der *Villa Lustig*.

Zum winterlichen Muss wird das Brauneck auch wegen des abseits gelegenen Idealhangs. Er verspricht eine verhältnismäßig kurze Abfahrt – und dabei ausgesprochen langen Genuss. Von der Gipfelstation aus führt der Weg an der Finstermünz-Alm und Strasser-Alm vorbei zum 1.712 Meter hohen Latschenkopf. Dort liegt der Idealhang, geschützt von zwei Seiten, als wäre die Piste ein Hochtal in den Dolomiten. Der Blick schweift durch schneebedeckte Berge, der Himmel scheint zum Greifen nah. Hier ist alles weit weg, die Großstadt, das Auto, der Alltag, die Talstation, der Lärm. Wer ein Dutzend Mal den Idealhang fährt, möchte nicht mehr aufhören, verfällt ins meditative Skifahren, ist nur noch Schnee und Ski – und das mitten im Tölzer Land.

SB

Der Kinderskizirkus der *Villa Lustig* macht das Brauneck zum Familienparadies. Am Jaudenhang führen Schwingfloh, Bögerlmaus und Kurvenfix das Regiment – und Antonello, der Pistenclown, passt auf.

68

In der Herz-Jesu-Kapelle der Stie-Alm kann geheiratet werden.

Stie-Alm
Latschenkopf 5
83658 Lenggries-Brauneck
08042 2336
www.stie-alm.de

DEN SOMMER SCHMECKEN
Berggasthaus Stie-Alm

Geübte Wanderer steigen natürlich vom Tal auf und haben sich dann all die Köstlichkeiten, die es auf der Stie-Alm gibt, mehr als redlich verdient. Vielleicht haben sie ja auch ein Zimmer oder ein Bett im Almlager gebucht und dürfen sich auf herrliche Ausblicke gegen Abend freuen, wenn es ruhig wird am Berg. Langschläfern sei dringend empfohlen, sich einmal zu überwinden und zum ersten Morgenlicht aus den Federn zu hüpfen, um eine einzigartige Stimmung zu erleben.

Wahrscheinlich treffen die Frühaufsteher dann Stefan Obermüller, den Hausherrn, der mit seiner Familie die Alm in dritter Generation betreibt. Er ist für den Käse verantwortlich, den er aus der Milch der hier oben weidenden und daher natürlich glücklichen Kühe herstellt. In der »Höchsten Almkäserei Oberbayerns« pflegt er die Käselaibe mindestens drei Monate. Täglich werden sie gewendet, mit Salz eingerieben und auf Fichtenbrettern gelagert. Bergkäse reift ganze neun Monate hier oben und schmeckt nach würzigen Wildkräutern. Den gibt's zur Brotzeit oder als wichtige Zutat, von Tochter Marianne verarbeitet im Kasknödel und in vielen anderen Gerichten. Milch, Milchprodukte, Käse und auch das Fleisch der eigenen Kühe und Schweine werden zu traditionellen Gerichten mit einem sehr charmanten jungen Pfiff verwandelt. Kräuter aus Garten, Wald und Wiese würzen die Speisen und sind Basis der hausgemachten Kräuterlimonaden und Sirups, die mit Quellwasser oder Joghurt verdünnt den Durst der Wanderer löschen. Die frische Buttermilch im Sommer sucht ihresgleichen. »Garniert mit Lebensgeschichte und Erfahrung« sind die verführerischen hausgebackenen Kuchen. Da sollte man sich ein Stück vor dem Abstieg gönnen, auch wenn man nur den gut halbstündigen Fußweg zur Bergbahn nimmt.

HH

Oimxund heißt der Bio-Kräutergarten bei der Stie-Alm, der besichtigt werden kann; nebenan gibt es eine kleine Kneippanlage, wo müde Wandererfüße mit Bergquellwasser gekühlt werden können.

69

Heilig-Kreuz-Kirche auf dem Tölzer Kalvarienberg

Tölzer Kalvarienberg
Aufgang von der Nock-
hergasse 9 neben dem
Käseladen Pölt
83646 Bad Tölz
08041 505206 (Tölzer Land
Tourismus)
www.toelzer-land.de

DIE KRONE DER STADT
Tölzer Kalvarienberg

Über der malerischen Silhouette von Bad Tölz thront die Kreuzkirche, so erhaben, als sei sie die Krone der Stadt. Eingebettet in das Grün einer weitläufigen Erhebung scheint sie über das Gemeinwohl zu wachen. Sie gehört zum Kalvarienberg von Bad Tölz, der aus mehreren Kirchen und Kapellen sowie einer Kreuzigungsgruppe und der Heiligen Stiege besteht. Neben der Kreuzkirche zählt auch die Leonhardikapelle zu dem Ensemble. Sie wurde 1718 von Tölzer Zimmerleuten nach ihrer unversehrten Rückkehr aus der Sendlinger Bauernschlacht gegen die Reichsarmee unter Kaiser Joseph I. errichtet. Der Heilige Leonhard ist Schutzpatron der Gefangenen sowie des Viehs und der Pferde, weshalb die Leonhardikapelle alljährlich an Leonhardi Ziel einer Pferdewallfahrt ist. Für Gläubige wiederum ist der Kalvarienberg ein Ort der Erinnerung an Jesus auf seinem schmerzvollen Weg zur Kreuzigung. Ruhig ist es hier, fast schon entrückt und ursprünglich, auf jeden Fall nicht so glaubenstouristisch wie an manch anderen Wallfahrtsorten.

Der Kalvarienberg geht auf den kurfürstlichen Salz- und Zollbeamten Friedrich Nockher zurück. Er hatte Anfang des 18. Jahrhunderts zunächst ein Kreuz und die Heilige Stiege mit 28 Stufen im Freien gestiftet. 1726 ließ der fromme Nockher die Stiege überdachen und mit einer Doppelkirche verbinden, die erst sechs Jahre später bemalte Türme und Kupferhauben erhielt. Den Rand der Heiligen Stiege säumen mehrere Kapellen, in einer liegt der Stifter Friedrich Nockher begraben.

Heute ist der Kalvarienberg aus Bad Tölz nicht mehr wegzudenken. Ihn zu besteigen wird belohnt mit einem faszinierenden Blick über das Isartal und die Stadt. Das Zusammenspiel von Natur und Zivilisation ist hier oben ein ruhiges, fast schon geläutertes – jeder Gang hinauf wird zur kleinen Wallfahrt.

SB

Auch die Stadtpfarrkirche Mariä Himmelfahrt prägt die Tölzer Silhouette. Sie geht auf das Jahr 1262 zurück und wurde Mitte des 15. Jahrhunderts neu errichtet. Heute ist sie das älteste Bauwerk des Isarwinkels.

70

Marktstraße mit Stadtmuseum
Marktstraße 48
83646 Bad Tölz
08041 7935156
(Stadtmuseum)
08041 78670
(Tourist-Information)
www.bad-toelz.de

KULISSE WIE AUS ALTEN ZEITEN
Marktstraße mit Stadtmuseum

Die Tölzer Marktstraße könnte letztlich auch Theaterkulisse aus früheren Zeiten sein. Drehort so mancher Fernsehproduktion war sie schon des Öfteren. Wie selbstverständlich bildet die Marktstraße den Kern der Stadt. Ihr Reiz liegt in der architektonischen Einheitlichkeit und kunstvollen Verzierung der Bauten, die sich vom Ufer der Isar bis zum Obermarkt mit dem Standbild des Pflegers Kaspar Winzerer III. und dem Khanturm erstrecken. In ihrem Ursprung geht die 400 Meter lange Marktstraße auf eine Anlage der Wittelsbacher zurück, 1453 wurde sie von Herzog Albrecht III. nach einem großen Brand wiederaufgebaut.

Ihre heutige Form allerdings verdankt sie Gabriel von Seidl (1848–1913). Der Architekt und Liebhaber der Stadt Tölz führte zahlreiche Marktstraßenhäuser mit teils restaurierenden, teils historisierenden Maßnahmen zurück zur ursprünglichen, repräsentativen Bauweise mit Stuckaturen, Fresken, Rundbogeneinfahrten und vorkragenden Dächern. Darüber hinaus erweiterte Gabriel von Seidl die Gesamtansicht um die für seinen heimatorientierten Baustil so typischen Giebel, Türme und Erker.

Dadurch erfuhr der in sich geschlossene Aufbau der Marktstraße eine lebendige Gliederung und Strukturierung. Die funktionelle Verzahnung mit den umliegenden Ortsteilen und Gassen blieb auch unter Gabriel von Seidl erhalten. Gleichzeitig blühten einzelne Anwesen auf, darunter das Weinhaus Höckh, die Alte Apotheke, das Moralthaus oder Pflegerhaus sowie das einstige Bürgerbräu, das von 1906 bis 1979 als Rathaus diente und heute die Exponate des Stadtmuseums beherbergt. In der Summe entstand unter Gabriel von Seidl ein heiteres, nahezu barockes Straßenbild, in dem ein florierendes Stadtleben seinen Platz und vor allem reichlich Kulisse findet.

SB

Dank seiner Fassade ist das Stadtmuseum Bad Tölz auch von außen ein Kunstwerk, innen versammelt es Exponate zu Themen, die für den Ort bedeutend waren, darunter die Kunstschreinerei und Flößerei.

MUSEUM

DER BULLE VON TÖLZ

71

Das Bulle von Tölz MUSEUM
Kapellengasteig 3
83646 Bad Tölz
08041 7991377
www.dasbullevontoelzmu-
seum.de

Café im Süden
Rathausgasse 4
83646 Bad Tölz
08041 7935174
www.cafeimsueden.de

BAYERN MIT LEIB UND SEELE

Das Bulle von Tölz MUSEUM

Einen tiefen Einblick in die bayerische Seele gab die Fernsehserie *Der Bulle von Tölz*. Besucher und »Zugroaste«, die Bayern wirklich verstehen wollen, sollten einfach Staffel für Staffel anschauen. Bayern verstehen bedeutet zunächst: Dialekt lernen, denn der »Bulle«, also Kommissar Benno Berghammer, sowie seine Mutter Resi sprechen wunderbaren Dialekt. Aber so, dass die Berliner Kollegin Sabrina und damit auch alle anderen Nicht-Bayerischsprecher folgen können. Bayern verstehen bedeutet aber auch, das Hintersinnige, Doppeldeutige, die Spezlwirtschaft, die ganz spezielle Liebe zur Heimat und die etwas distanzierte Frömmigkeit kennenzulernen. Dazu taugt das Stamminventar der Rollen bestens – der Bauunternehmer Rambold Toni oder Prälat Hinter, der Pfarrer, ganz besonders. Der residiert in einer prächtigen Barockkirche, die angeblich in Tölz steht, doch es ist die Klosterkirche Benediktbeuern.

Auch viele der anderen Schauplätze sind rund um die Isarstadt verstreut wie beispielsweise die Pension Berghammer, die Mutter Resi so leidenschaftlich führt. Sie befindet sich, so erfährt man im Museum, in der Nähe von Icking. Das Polizeipräsidium hingegen wurde in der prächtigen Tölzer Markstraße angesiedelt – eine Broschüre führt zu den einzelnen Drehorten und damit quer durchs Oberland.

Von 1996 bis 2009 waren insgesamt 69 Folgen der erfolgreichen Serie mit dem Kabarettisten Ottfried Fischer zu sehen; 2009 verstarb die geniale, Mutter Resi Berghammer spielende Ruth Drexel, die Serie wurde dann für immer eingestellt. Doch der Geist bleibt wach, im Museum, aber auch im Fernsehen, wo die Folgen immer noch Publikumslieblinge sind. Fans finden viele Originalrequisiten, Nachbauten der Szenen, Filmmaterial und und und. Ein lohnender Ausflug – mehr sog i ned.

HH

Vom Museum die Marktstraße hinauf befindet sich in einer Seitengasse das von der Zeitschrift *Feinschmecker* ausgezeichnete *Café im Süden* mit köstlichem Gebäck und kleinen Gerichten.

72

Tölzer Rosentage
Parkanlagen des ehemali-
gen Franziskanerklosters
Eingänge: Arzbacherstraße
und Klosterweg
83646 Bad Tölz
08041 7934474
www.rosentage.de

PARCOURS DER SINNE

Tölzer Rosentage

Blühende Bauerngärten finden sich im Tölzer Land in großer Zahl. Wie selbstverständlich schmücken sie die Höfe und die Häuser. Sie gehen zurück auf Strukturen alter Klöster-, Burg- und Apothekergärten, in denen seit dem späten Mittelalter die gefüllte, duftende Rose eine große Rolle spielte. Die war um 1.000 n. Chr. aus dem Vorderen Orient nach Mitteleuropa vorgedrungen und fand nicht nur in prachtvollen Gärten Eingang, sondern auch in Malerei und Handwerk. Insbesondere in Tölz wurde sie auf bemalten Häusern, in barocken Kirchen, auf frühen Gemälden sowie auf Tölzer Truhen und Schränken abgebildet. Vielen galt die Rose als Sinnbild der Vollkommenheit und Schönheit.

Auf die langjährige Tradition beziehen sich die Tölzer Rosentage. Sie wurden 1999 gegründet und führen alljährlich an Pfingsten bis zu 180 Aussteller an die Isar. Mit ihrer Blütenpracht spiegeln sie die blühenden Bauerngärten rund um Bad Tölz sowie die künstlerische Umsetzung des Rosenmotivs in Malerei und Handwerk.

Drei historische Gärten am ehemaligen Franziskanerkloster werden jedes Jahr zum Schauplatz des kleinen Festivals, das einem Parcours der Sinne durch duftende Pflanzen, kreative Kleinkunst, handwerkliche Produktionen und Informationsveranstaltungen über Gärten, Kräuter, Züchtungen, Natur- und Umweltschutz gleichkommt. Für Kinder gibt es eigene Erlebnisräume, für Klein und Groß ein kulinarisches Angebot, für Gartenliebhaber viel Wissenswertes. Hauptdarsteller aber sind Pfingstrosen, Taglilien, Rosen oder Funkien – und ein Kulturprogramm, das die Tölzer Rosentage stets begleitet. Manchmal kommt es auch zu einer Rosentaufe. Eine Neuzüchtung trägt bereits den Namen Tölzer Rose und wurde vor einigen Jahren der Öffentlichkeit vorgestellt – natürlich im Rahmen der Tölzer Rosentage.

SB

Die Rosentage haben mit dem Tölzer Herbstzauber ein kleines Pendant, außerdem betreiben beide gleich neben der Tourist-Information ein Laden-Café mit Blick auf den Franziskanergarten.

Thomas-Mann-Weg
Start: Stadtbibliothek
Hindenburgstraße 21
83646 Bad Tölz
08041 78670 (Tourist-
Information)
www.bad-toelz.de

**Kulturverein Lust – Alte
Madlschule**
Schulgasse 3
83646 Bad Tölz
08041 78140 (Schreibwa-
ren Zauner, Kartenverkauf)
www.kulturverein-lust.de

MIKROKOSMOS AN DER ISAR
Thomas-Mann-Weg

Den in Lübeck geborenen Nobelpreisträger und Weltbürger Thomas Mann (1875–1955) mit dem bayerischen Voralpenland in Verbindung zu bringen, liegt nicht auf der Hand. Zu hanseatisch war der Schriftsteller, zu preußisch seine Arbeitsdisziplin, zu urban sein Kulturanspruch, als dass er im ländlichen Bayern hätte heimisch sein können. Dennoch zog es ihn dorthin. Schon seine Eltern liebten Wildbad Kreuth, mit ihm an der Hand. Seine Ehefrau Katia wurde in Feldafing geboren, was ihn ins Starnberger Seengebiet führte. Letztlich verbrachte Thomas Mann wichtige Lebensjahre in Bad Tölz.

1909 bezog er mit seiner Familie das vom Architekten Hugo Röckl entworfene Landhaus an der Isar. In Bad Tölz verbrachten die Manns glückliche Jahre, mit Besteigungen des Blombergs, Rodeln bis zur Isar, Baden im Klammerweiher und natürlich Bauschan, dem Hund aus Otterfing, der in Tölz übergeben wurde. Währenddessen schrieb Thomas Mann politische Essays sowie am *Zauberberg* und die Novelle *Der Tod in Venedig*. Doch währte die Tölzer Zeit nur kurz. Geprägt vom Ersten Weltkrieg verkaufte Thomas Mann sein Landhaus 1917 an Bertha und Willy Wiegand. Heute ist die Villa ein Erholungsheim für katholische Ordensfrauen.

Bad Tölz würdigt den Aufenthalt mit einem Thomas-Mann-Weg. Acht Tafeln erinnern in Bildern, Texten und Zitaten an die Zeit. Der etwa drei Kilometer lange Themenweg beginnt an der Stadtbibliothek mit dem Thomas-Mann-Zimmer und schließt den Klammerweiher, wo die Kinder der Manns erste Schwimmversuche unternahmen, sowie den Schlittenberg mit ein. Weitere Stationen sind das *Café am Wald*, wo Gäste untergebracht wurden, und das Kinderheim, für das Thomas Mann stets spendete, darüber hinaus natürlich die Villa der Familie in der Heißstraße, dem Zentrum eines Tölzer Mikrokosmos, der nur kurz, aber wesentlich währte.

SB

Das Programm des Tölzer *Kulturvereins Lust* hätte auch Thomas Mann gefallen. Die Bühne der Alten Madlschule wird mit Kleinkunst, innovativem Theater und zeitgenössischer Musik bespielt.

74

Naturfreibad Eichmühle
Eichmühlstraße
83646 Bad Tölz
08041 797209
www.schwimmbad-toelz.de

Gasthof Zantl
Salzstraße 31
83646 Bad Tölz
08041 9794
www.gasthof-zantl.de

STRANDGEFÜHLE EINER STADT
Naturfreibad Eichmühle

Mitte Mai öffnet das Naturfreibad Eichmühle seine Tore und hält sie bis in den Herbst hinein offen, solang das Wetter es erlaubt. Es liegt ein wenig oberhalb der Stadt und grenzt an das Naturschutzgebiet Ellbacher Moor. Von dort fließt das Wasser in die verschiedenen Becken des Naturfreibads, täglich frisch und ohne Zusatz. Angenehm weich ist das Moorwasser. Je nach Jahreszeit hat es um die 20 Grad. Damit ist es deutlich wärmer als das Wasser der Isar, die selten mehr als 16 Grad erreicht. Das Naturfreibad Eichmühle ist ein weitläufiges Idyll. Allein die Wasserfläche misst gut anderthalb Hektar, wobei keines der Becken mehr als zwei Meter Wassertiefe erreicht. Es gibt Baby- und Nichtschwimmerbecken, in den tieferen Becken sind für die sportlichen Schwimmer zwei Fünfzigmeterbahnen abgetrennt. Hier gibt es für jeden das richtige Nass, von Plantschen bis Kraulen ist alles möglich und erlaubt.

Doch die verschiedenen Becken sind es nicht allein, die für das besondere Flair sorgen. Die einzigartige Atmosphäre des Naturfreibads Eichmühle entsteht vor allem auf den Wiesen und am Beckenrand. Dort wird geplaudert und gesonnt, das städtische Leben von Bad Tölz scheint sich für einige Monate hierher zu verlagern. Vor der Arbeit, nach der Schule und zu jeder freien Minute zieht es die Tölzer in die Eichmühle. Der Trubel bleibt außen vor. Gesäumt von den Wäldern des Ellbacher Moores liegt es sich hier entspannt und ruhig auf weiten Wiesen. Wer Kinder hat, findet einen großzügigen Spielplatz, wer es sportlicher mag, kann verschiedene Tischtennisplatten, das Beachvolleyballfeld oder den Soccer- und Bolzplatz nutzen. Danach hält ein Kiosk allerlei Erfrischungen bereit. Das Naturfreibad verleiht einer Stadt Strandgefühle – ein Tag in der Eichmühle ist Urlaub pur.

SB

Erleben Sie Mühlfeldkirche und Gasthof Zantl – die Kirche war Drehort der Fernsehserie *Tonio & Julia*, im seit 1828 familiengeführten Gasthof Zantl speisen Sie im Sommer inmitten blühender Rosen.

**Tölzer Marionetten-
theater**
Am Schloßplatz 1
83646 Bad Tölz
08041 74176
www.marionetten-toelz.de

EINE WELT AM FADEN
Tölzer Marionettentheater

Wer sich vom Tölzer Obermarkt zum Schlossplatz wendet, entdeckt das Marionettentheater, ein Kleinod städtischer Kulturgeschichte. Dort zu Hause sind kunstvoll gefertigte Figuren, die große Opern aufführen, Lesungen begleiten, Theater spielen oder von den Märchen der Gebrüder Grimm erzählen.

1908 gründete der Tölzer Apotheker Georg Pacher mit einigen Gleichgesinnten das Tölzer Marionettentheater. Damals trat die Spielform der Figur am Faden aus dem Umfeld der Jahrmärkte heraus und bewies sich als ernsthaftes Theater. In Tölz entstanden schon früh einzelne Marionetten, die noch heute im nahegelegenen Stadtmuseum zu entdecken sind. Eine erste Spielstätte fand sich im Bürgergarten, doch die Bühne wurde 1947 zerstört. In Eigenleistung und mit Hilfe der Stadt entstand ein neuer Theaterbau, der 1953 eröffnet wurde und seither nahezu unverändert besteht. Nach Georg Pacher führten dort Ludwig Schuster und Oskar Paul Regie, heute leiten die Puppenspieler Albert Maly-Motta und Karlheinz Bille das Tölzer Marionettentheater. Hauptdarsteller jedoch sind charakterstarke Marionetten. Sie stellen auf der gerade einmal zwölf Quadratmeter großen Bühne einen direkten Bezug zu den Zuschauern her. Alles ist dunkel, nur die Figuren leuchten auf. Opern von Wolfgang Amadeus Mozart oder Carl Orff werden ebenso zum intensiven Erlebnis wie die Erzählungen über Kalif Storch oder Rumpelstilzchen. Ein weiterer Glanzpunkt des Programms sind zeitbezogene Aufführungen, die Marcel Reich-Ranicki oder Leonard Cohen in Mimik und Gestik wiedergeben. Das ist großes Theater! Verwunschen wiederum wird es im Dezember, wenn die Marionetten sich weihnachtlichen Geschichten widmen und sie spielerisch begleiten. Im Tölzer Marionettentheater ist immer Saison – und wer einmal Gast war, kehrt oft zurück.

SB

Gleich neben dem Tölzer Marionettentheater simuliert ein Planetarium den Himmel, unabhängig vom Wetter. Sternenkonstellation, Tierkreis oder Polarnacht leuchten auf und werden erklärt.

76

Gasthaus Jägerwirt
Nikolaus-Rank-Straße 1
83646 Kirchbichl
08041 9548
www.jaegerwirt-
kirchbichl.de

Forellenhof Walgerfranz
Bairawieser Straße 43
83646 Bad Tölz
08041 9665
www.forellenhof-
walgerfranz.de

SLOW FOOD VOM FEINSTEN
Gasthaus Jägerwirt

Zwischen Bad Tölz und dem Kirchsee liegt das kleine Örtchen Kirchbichl und mittendrin der Jägerwirt, Traditionsgaststätte seit den 1920er-Jahren, seit mehreren Generationen von Familie Rank betrieben und inzwischen mit allerlei Auszeichnungen geschmückt, darunter *Slow Food*. Die Bewegung steht für Nachhaltigkeit und Tradition, wobei jene ja nicht die »Bewahrung der Asche«, sondern das »Weitergeben des Feuers« bedeutet, womit wir bei der exzellenten Küche von Peter Rank wären. Sorgsam ausgewählt werden die Zutaten, die aus der Region kommen, und zwar von *Unser-Land*-Höfen, Käse von der Naturkäserei TegernseerLand und Kräuter und Blüten aus dem eigenen Garten.

Im lauschigen Gastgarten unter zwei riesigen Linden speist man in der warmen Jahreszeit, trinkt dort einfach ein Bier oder genießt das hausgemachte Eis. Die Karte bietet Klassiker wie hausgemachte Bratensülze, hausgemachte Nudeln oder Schnitzel. Nur auf Vorbestellung, aber ebenfalls immer im Angebot, sind die Hausspezialitäten: Schweins- oder Kalbshaxe, Gans und Ente, frisch aus dem Rohr.

Auf der Tageskarte findet man dann die Köstlichkeiten der jeweiligen Jahreszeit, beispielsweise Gulasch vom Rehbock mit köstlichen frischen Pfifferlingen, zartem Liebstöckelrahm und Waldheidelbeeren oder gefüllte Schweinsbrust mit einer dichten Dunkelbiersoße. Wer's leichter mag, könnte mit einer recht mediterran anmutenden Maishendlbrust mit Balsamicoschalotten und Pfifferlingsrisotto glücklich werden. Zur klassischen Bachforelle aus heimischer Zucht kann auch mal ein Seeteufelmedaillon mit Zuckererbsen kommen. Unsere Vorspeise, ein köstlich marinierter Alm-Graukäs mit luftgetrocknetem Schinken und Salatkräutern haben wir uns zu zweit geteilt. Gut so, denn die Portionen sind großzügig bemessen.

HH

Ebenfalls traditionsreich und empfehlenswert: der Forellenhof Walgerfranz am Ortsrand von Bad Tölz mit kreativer Küche rund um die Forellen aus den eigenen Teichen und darüber hinaus.

77

**Klosterbräustüberl
Reutberg**
Am Reutberg 2
83679 Sachsenkam
08021 8686
www.klosterbraeustue-
berl.de

LUKULLISCHER LOGENPLATZ
Klosterbräustüberl Reutberg

Logenplätze mit prächtigem Bergpanorama bieten Biergarten und anhand der großen Fenster auch die Stuben des Klosterbräustüberls zu Reutberg. Das Kloster wurde Anfang des 17. Jahrhunderts gegründet. Ein Graf mit dem netten Namen Papafava rodete den Hügel, um dort eine Kapelle zu errichten. Doch sehr fromm schien der Graf nicht gewesen zu sein, denn er trachtete nach den Reichtümern seiner Gattin Anna und verübte einen Mordanschlag. Anna überlebte und gelobte daraufhin, ein Kloster zu gründen. So entstand das heutige Franziskanerinnenkloster. Schon früh, bereits 1677, wurde hier Bier gebraut, Gerste und Hopfen auf Klostergründen kultiviert. Auch wenn das Bier zunächst als milde Gabe hungrigen Gläubigen gereicht wurde, die an die Klosterpforte klopften, entstand bald eine Schenke, deren Einnahmen beträchtlich waren. Da ein solcher Schankbetrieb jedoch erheblich in die klösterliche Ruhe eingriff, verlegte man die Gaststube vor die Klostermauern: Das heutige Klosterbräustüberl entstand.

Die Brauerei ist inzwischen eine Genossenschaft, der Hopfen kommt aus der Hallertau, Weizen und Gerste von den Bauern der Gegend. Auch der Wirt des Bräustüberls bezieht viele seiner Zutaten aus der Region und zaubert daraus bayerische Gerichte vom Feinsten. Jede Menge Auszeichnungen konnte man dafür einheimsen. So findet man Käse von der Naturkäserei TegernseerLand, Fisch der Fischzucht Sappl, Fleisch von *Unser-Land*-Bauern und selbstverständlich spielt das Bier eine große Rolle in der Küche. Zur frisch geräucherten Forelle wird Reutberger Bierbrot gereicht, der Schweinsbraten badet in Reutberger Dunkelbiersoße und Schleckermäuler freuen sich auf das Biereis. Frisch vom Fass werden die Reutberger Biere, das süffige Export, das Reutberger Kloster Hell, das obergärige Weißbier und Saisonbiere wie der Josefibock ausgeschenkt.

HH

Die Reutberger Biere kann man natürlich vor Ort kaufen, beispielsweise den Aegidiustrunk mit seiner hohen Stammwürze und, nur so lange der Vorrat reicht, den kräftigen Josefibock.

78

Kirchsee

In Sachsenkam den
Schildern Richtung
Kirchsee folgen;
gebührenpflichtiger
Parkplatz mit Kiosk am
nördlichen Ufer.
Tourismus Sachsenkam
08021 7610
www.tourismus.
sachsenkam.de

ALPENGLÜHEN INKLUSIVE
Kirchsee

Er entstand als Abfluss der nacheiszeitlichen Isar und ist gerade einmal 1,4 Kilometer lang und 500 Meter breit. Doch für den Kirchsee gelten andere Messlatten. Er ist ein naturgebliebenes Idyll. Schon 1940 wurde der Kirchsee zusammen mit seinen südlich angrenzenden Mooren unter Naturschutz gestellt. Deshalb ist er nahezu unverbaut und unberührt.

Das Südufer kann nur an einer Stelle zu Fuß betreten werden. Fauna und Flora blühen dort auf, Seerosen werden eingehegt, Vögel nisten ungestört. Gegenüber ist das Ufer des Kirchsees nach einem ordentlichen Fußmarsch, per Fahrrad oder über einen gebührenpflichtigen Parkplatz erreichbar. So oder so, der Weg zu den freigegebenen Badestellen ist ein lohnender. Am Kirchsee öffnet sich der Blick auf das nahegelegene Kloster Reutberg und die breite Alpenkulisse dahinter. Dann der Sprung ins warme, weiche Wasser. Der Kirchsee speist sich ausschließlich aus den Bächen der geschützten Moore und ist darüber hinaus mit maximal 16 Meter nicht sehr tief, also früh im Jahr schon warm. Im klaren dunklen Moorwasser zu schwimmen ist ebenso eine Wohltat für Leib und Seele wie sich einfach nur zwischen Wald und Wiese in Richtung Karwendel und Benediktenwand treiben zu lassen. Niemand stört, auch kein Surfbrett oder Segelboot, denn die dürfen den See vom 15. Mai bis 15. September nicht befahren und Motorboote sind grundsätzlich verboten. Selbst inmitten des Wassers eine Pause einzulegen ist möglich, denn der See hat an manchen Stellen nur Stehtiefe. Schwimmen ist hier anders – meditativer, ruhiger, entspannter. Anschließend klingt der Tag im Liegestuhl aus, oder auf einem Steg. Kein schlechter Ort, die Zeit zu vergessen und über das glatte Wasser hinweg der untergehenden Sonne zuzuschauen – Alpenglühen inklusive.

SB

Die umliegende Gegend durchziehen mehrere Wanderwege, unter anderem entlang des Kirchseebachs Richtung Pelletsmühl und Hackensee.

79

**Klosterschänke
Dietramszell**
Klosterplatz 2
83623 Dietramszell
08027 904500
www.klosterschaenke-
dietramszell.de

 # BAYERISCHE KÜCHE IM GEWÖLBE
Klosterschänke Dietramszell

Die Klosterschänke Dietramszell gehört sicher zu den stimmigsten Gasthöfen der Gegend. Man sitzt an blank gescheuerten Holztischen im urigen Gewölbe, die Wände sind holzvertäfelt, darüber hängen Bilder früherer Zeiten. Ist das Wetter schön, lässt man sich im Garten nieder. Das Bier stammt vom Hofbräuhaus Traunstein, ebenfalls einer Brauerei mit Geschichte. Empfohlen sei das ungefilterte Zwickelbier vom Fass oder das nennenswerte Dunkle, das besonders an kühlen Tagen schmeckt und die klassische Dunkelbiersoße zum ausgezeichneten Schweinsbraten würzt.

Familie Guggenbichler und ihr Team kochen gerne und bewirten mit Freude. Das merkt und schmeckt man an den aromatischen Suppen: Tafelspitzbrühe mit hausgemachten Leberspätzle oder aufgeschmolzene Brotsuppe – hier mit Brezen in kreativer Variante. Die Spätzle zu Wild und Pilzrahmsoße sind hausgemacht und stammen eindeutig nicht aus dem Vakuumbeutel des Großlieferanten. Wer's nicht so bayerisch mag, findet kreative Gerichte wie frische Blattsalate mit gebackenem Ziegenkäse und Fruchtsalsa, Ingwer-Süppchen mit Garnelen oder Chicken-Curry, allesamt gekonnt zubereitet. So nah an Loisach, Isar und Seen gelegen fehlt natürlich auch heimischer Fisch nicht auf der Speisekarte, klassisch als Filet in Butter gebraten oder auch gebeizt und mit Ofenkartoffel serviert.

Auf einen Nachtisch, wenigstens einen kleinen, sollte man keinesfalls verzichten. Denn das handgemachte *Lausbubeneis* von Stefanie Laus aus Linden wird frisch, ohne Aroma- oder sonstige Zusatzstoffe mit regionalen Zutaten der Saison hergestellt und in der Klosterschänke pur oder mit Früchten serviert. Der Kaffee kommt von Dinzler und die tollen Tee-Sorten von Bioteaque vom Chiemsee.

HH

Unbedingt sollte man wenigstens einen kurzen – oder auch längeren – Blick in die Kirche des ehemaligen Augustiner-Chorherrenstifts gleich gegenüber werfen.

80

Bauernmarkt Holzkirchen
Marktplatz
83607 Holzkirchen
08024 6420 (Gemeinde)
www.holzkirchen.de
Führungen mit Kathl unter
08024 478505

Kultur im Oberbräu
Marktplatz 18a
83607 Holzkirchen
Tickets: 08024 478505
www.kultur-im-
oberbraeu.de

BIO-ECKE
PAPRIKA ZUCCINI
KAROTTEN TOMATEN
ZITRONEN BANANEN

ANGEBOT
KIRSCHEN
GRIECHENLAND
1 Kg 5,99
NEKTARINEN
SIZILIEN
1 Kg 3,99

REGIONAL UND VOLLER LEBEN
Bauernmarkt und Kathls Marktreisen

Holzkirchen zählt zu den aufstrebenden Gemeinden in Oberbayern. Der Zuzug ist groß, die Ansiedlung neuer Firmen nachhaltig. Ein prosperierender Ort, der Global Player an sich bindet, indem er die Gewerbesteuer senkt, sowie innovativ entscheidet, indem er auf Geothermie setzt. Gleichzeitig ist Holzkirchen voll lebenswerter Plätze, vor allem im historisch geprägten Kern rund um die Kirche St. Laurentius. Gegenüber liegen die beiden Rathäuser, das eine alt mit neugotischem Giebel, das andere neu und repräsentativ. Außerdem trägt der imposante Flachsattelbau des früheren Brauereigasthofs zum Gesamtbild mit bei. Dort fand ein Kulturzentrum mit einem Kulturcafé, verschiedenen Sälen und einem Programmkino Heimat.

Letztlich ist es Holzkirchen gelungen, den Ortskern mit Leben zu füllen. Da darf ein Bauernmarkt nicht fehlen. Der findet allwöchentlich statt und führt regionale Anbieter nach Holzkirchen. Darunter befinden sich ein Hofladen, eine Naturkäserei, ein Ökohof sowie ein Acker- und Grünlandbetrieb mit artgerechter Tierhaltung. Alles wird zum Schaubild des voralpinen Obst- und Gemüselandes, der Wurst- und Fleischvielfalt, der Gewürze und Pflanzen. Jeden Mittwoch wird frühmorgens aufgebaut und eine Stunde nach dem Mittagsläuten wieder abgebaut. Dazwischen bestimmt das Marktgeschehen den Puls der Gemeinde.

An manchen Tagen zieht dann auch das Kathl mit ihrem Leiterwagen vorbei. Die Volksschauspielerin führt in Tracht durch den Ort und erzählt Holzkirchner Geschichten, Humorvolles vom Magentratzerl, Bedrohliches von großen Bränden, Historisches vom alten Handwerk, Liebenswertes von Lausbuben und Friedhofsgeigern. Dazwischen macht sie Halt an historischen und kulinarischen Stationen. »Marktreisen« nennt das Kathl die poetischen Ausflüge – wie passend für eine lebendige Marktgemeinde.

SB

Das Programm des Holzkirchner Kulturzentrums im Oberbräu umfasst alle Sparten – Kabarett und Film, Ausstellungen und Konzerte, Lesungen und Vorträge sowie Eigenproduktionen des Fools-Theaters.

81

Todesmarsch-Mahnmal
An der Straße von
Reichersbeuern nach
Waakirchen, kurz hinter
Reichersbeuern auf nörd-
licher Seite
83677 Reichersbeuern
08041 78220 (Gemeinde)
www.reichersbeuern.de

KURZE ZEIT DES INNEHALTENS
Todesmarsch-Mahnmal

Es sind kleine Denkmäler, die den Weg säumen, schreitende Figuren, deren Gesichter Leid ausdrücken, aufrechte Menschen, die den Tod vor Augen haben – und heute Anlass geben, innezuhalten im Alltag, um an das Andere zu denken, an das Unvorstellbare und Barbarische. In den letzten Tagen des Zweiten Weltkriegs, als die Alliierten hörbar vor den deutschen Grenzen standen, zwangen nationalsozialistische Wachmannschaften die Häftlinge des Dachauer Konzentrationslagers und seiner Außenstellen in den sogenannten Todesmarsch. Ausgehungert und kaum bekleidet schickten die Schergen des Regimes sie gen Süden. Züge standen nicht mehr zur Verfügung, die Auflösung der Konzentrationslager diente allein dem Zweck, keinen Häftling den Befreiern zu überlassen.

Der Todesmarsch begann am Dachauer Konzentrationslager und führte über das Würmtal bis nach Reichersbeuern. Ziel war die vermeintliche Alpenrepublik, von der es hieß, sie sei der Überlebensraum des nationalsozialistischen Reichs. Auf dem Todesmarsch wurden nicht mehr gehfähige Häftlinge gefoltert und willkürlich erschossen. Obwohl die Sinnlosigkeit mit Händen zu greifen war, wurde der Marsch mit derselben tödlichen Konsequenz durchgeführt wie die Verfolgung und Internierung von Juden, Kommunisten, Homosexuellen, Sinti oder Roma in den Jahren zuvor. Fast 10.000 Häftlinge umfasste der Todesmarsch, er begann am 26. April 1945, am 2. Mai 1945 wachten die Häftlinge hinter Reichersbeuern auf – und waren allein. Die nationalsozialistischen Peiniger hatten die Flucht vor den Alliierten ergriffen. 1.000 bis 3.000 Häftlinge überlebten nicht. In Reichersbeuern und an weiteren Stellen des Todesmarschs erinnert heute ein Mahnmal des Bildhauers Hubertus von Pilgrim an die Schreckenstage – um innezuhalten in einer selbstverständlich gewordenen Freiheit.

SB

Der Seeshaupter Filmemacher Walter Steffen porträtierte in der Dokumentation *Endstation Seeshaupt* den langjährigen Präsidenten der Lagergemeinschaft Dachau und Überlebenden der Shoah Max Mannheimer.

82

Hoppebräus Zapferei
Tölzer Straße 37
83666 Waakirchen
Brauerei: 08021 5077143
Zapferei: 08021 9013977
www.hoppebraeu.de

DER KUCKUCK BAUT EIN NEST
Hoppebräus Zapferei

Ein Traum ist wahr geworden und alle dürfen daran teilhaben. Hoppebräu hat eine Heimat! Als »Kuckucksbrauer« konnte Markus Hoppe seine charaktervollen Biere bislang in befreundeten Betrieben herstellen. Nun hat er »die modernste Brauerei der Welt« erschaffen, ein Neubau mit viel regionaler Tradition. Mit Anlagen, die genau seinen besonderen Bedürfnissen angepasst sind, mit größerem Läuterbottich und Whirlpool beispielsweise, die höhere Stammwürzen vertragen oder mehr Hopfen aufnehmen, einer Wasseraufbereitung, die den Härtegrad und den Mineralstoffgehalt einstellt, und blitzenden Edelstahltanks, in denen die Hopfenelixiere langsam reifen dürfen. Ausschließlich Handwerker der Region setzten die Pläne des ebenfalls jungen Architekten Thomas Schmidt mit vereinten Kräften um. Seit November 2018 wird hier am Ortseingang von Waakirchen gebraut.

Im Frühjahr darauf eröffnete im vorderen Teil des Gebäudes Hoppebräu's Zapferei, eine charmante Mischung aus Pub und Biergarten. Dort gibt es die »wuiden« Craftbiere, die fassgereiften wie das Slyrs-Bier oder das *Oloroso*, das in Sherry-Fässern veredelt wird. Recht neu im Sortiment sind ein klassisches Helles, Weißbier und Bockbier – ebenfalls mit erkennbarer Hoppe-Handschrift. Man kann, betont der sympathische Brauer, einfach Bier trinken oder in der lässigen Stube eines der mit Angebot und Jahreszeiten wechselnden Tagesgerichte probieren. Im Biergarten darf man sich nach alter Tradition sein Essen mitbringen oder das Hoppe-Bierbrot vom Bäcker aus Reichersbeuern mit Aufstrichen, Käse oder Kaminwurzen genießen. Etwas handfester ist die »Wuidsau«-Bierbratwurst oder die »Vogelwuide«-Currywurst. Wer meint, Bier sei nur etwas für deftige Speisen, der sollte unbedingt das Käsekucheneis mit gesalzenem Biersirup probieren.

HH

Das Bier kann man in den Getränkemärkten und Spezialitätenläden der Region, aber auch weit darüber hinaus kaufen. Information dazu im »Beerfinder« auf der Website von Hoppebräu.

83

Heilig-Kreuz-Kirche
Alex-Gugler-Straße 43
83666 Waakirchen-
Schaftlach
08021 304 (Pfarramt)
www.heilig-kreuz-
schaftlach.de

ZEUGE DES MITTELALTERS
Ottonisches Kruzifix in der Heilig-Kreuz-Kirche

Die Geschichte Schaftlachs reicht zurück bis ins Mittelalter. Bereits 1015 wurde der Ortsname Scaftlôh in einem Verzeichnis des Ebersberger Klosters erwähnt. Heute ist die Schaftlacher Kirche Heilig Kreuz Heimat eines Kleinods der mittelalterlichen Kulturgeschichte – des ottonischen Kreuzes. Nachweislich kam es um das Jahr 1900 nach Schaftlach. Seither ziert es als Solitär die Nordwand der spätgotischen Kirche. Das Kruzifix zählt zu den ältesten Kunstwerken im bayerischen Voralpengebiet und vermag von einer wechselvollen Geschichte zu erzählen.

Zunächst einmal ist es älter als lange Zeit gedacht. Bis zur Jahrtausendwende datierte man dessen Entstehung in die Romanik um 1200. Eine zu Beginn der 2000er-Jahre vorgenommene Computertomographie und wissenschaftliche Analyse ergaben jedoch, dass das Lindenholz, aus dem der Korpus geformt wurde, etwa im Jahr 970 gefällt wurde, also in ottonischer Zeit. Bekannte Kruzifixe aus dieser Epoche sind das Gero-Kreuz im Kölner Dom und das Triumphkreuz in der Aschaffenburger Stiftskirche. Die kleine Schaftlacher Pfarrkirche befindet sich damit in großer Gesellschaft.

Das Kruzifix war aller Wahrscheinlichkeit nach ein Ausstattungsstück des ehemaligen Benediktinerklosters Tegernsee. Einige Zeit befand es sich im Freien, das belegen die Untersuchungen. Es wurde mehrfach beschädigt und wiederhergestellt. Heute ist das Kruzifix nach der aufwändigen Restaurierung 2005/2006 nahezu unversehrt. Der lebensgroße Christus zeigt kaum Wunden, seine Augen sind geöffnet, der Ausdruck ist klar und würdevoll. Nicht der Tod, sondern die Erlösung vom Tod steht im Vordergrund. Die ausgebreiteten Arme scheinen sich der Welt zu öffnen und den Betrachtern Zuflucht zu bieten. Dieses alte Kruzifix erzählt in ruhiger Gewissheit von der Heils- und Leidensgeschichte Jesu Christi und von der des Menschen.

SB

Bereits in der Vorhalle der Schaftlacher Heilig-Kreuz-Kirche sind zwei Kunstwerke zu entdecken – ein Glasgemälde von Hans Gottfried von Stockhausen über dem Portal und die gotische Madonna.

84

Skulptur-Lichtung
Anderlmühle 12
83626 Valley-
Hohendilching
08024 4578
www.skulptur-lichtung.de
Parken in Hohendilching,
Skulptur-Lichtung am Ufer
der Mangfall

EIN WELTKLEINOD
Skulptur-Lichtung

Tisch und Stuhl stehen dort, in Stein gemeißelt, nicht weit davon entfernt hochragende Stelen und Spiralen im Dialog mit den umliegenden Wäldern, gleich daneben eine Installation, die der Erde zu entspringen scheint: Die Skulptur-Lichtung in Hohendilching bei Valley ist ein bildhafter Auftritt inmitten lichter Bäume, sie ist einzigartig in der Region und weit darüber hinaus. Viele Begriffe und Schlagwörter können sie beschreiben: Idyll und Arbeitsstätte, natur- und wirklichkeitsnah, international und regional, vor allem aber Kleinod und Weltereignis.

Die Skulptur-Lichtung beruht auf einem Internationalen Bildhauer-Symposium, das der Verein Kunstdünger e. V. alljährlich im Frühsommer ausrichtet. Dabei gestalten Bildhauer aus der ganzen Welt ein Flurstück an der Mangfall, alles entsteht vor Ort. In der Regel dienen Stein, Holz, Eisen und Keramik als Werkstoffe, die entstandenen Kunstwerke bilden anschließend die frei zugängliche Skulptur-Lichtung.

Während der zweiwöchigen Arbeitsphase können Besucher die Entstehungsprozesse nachvollziehen und miterleben. Mittlerweile stehen auf der Skulptur-Lichtung knapp zwei Dutzende Werke von Bildhauern aus Brasilien, China, Taiwan, England, Lettland, Italien, Deutschland, Iran und den Niederlanden, die während der vergangenen Jahre hier gearbeitet haben. Jährlich kommen neue hinzu. Kunst ist eine internationale Sprache, die keine Übersetzung braucht – das dokumentiert die Skulptur-Lichtung zum einen. Zum anderen zeigt sie Werke unterschiedlichen Charakters. Jede Arbeit definiert ihr Verhältnis zur Natur anders, mal filigran, mal opulent, mal integrativ, mal dominant. So unterschiedlich der Zugang zur Natur ist – die Skulptur-Lichtung in Hohendilching ist stets ein sensitives Erlebnis, zu jeder Jahreszeit.

SB

Gleich hinter der Skulptur-Lichtung betreibt Josef März eine biologische Fischzucht. Forellen und Saiblinge wachsen im frischen Quellwasser heran, selbst der Fischreiher darf sich ab und zu bedienen.

85

Schlossanlage mit Orgel-
museum und *Valleyer*
Schloss Bräu
Graf-Arco-Straße 19, 28, 30
83626 Valley
08024 4144
(Orgelmuseum)
08024 4772410
(Schlossbräu)
08024 3030550
(Bräustüberl)
www.lampl-orgelzentrum.
com
www.valleyer.de

HORT DER KULTUR
Schlossanlage mit Orgelmuseum und *Valleyer Schloss Bräu*

Ehre wem Ehre gebührt: Valley ist die vermutlich älteste Siedlung im Landkreis Miesbach. Ihr Name geht zurück auf die keltische Göttin Fallada, zumindest unterstützen Ausgrabungsfunde diese These. Auch ein römischer Meilenstein verweist auf die frühe Bedeutung des Ortes. In dessen Zentrum stand einst eine Burg, aus der wurde im Verlauf der Zeit eine Schlossanlage. 1818 erhob die bayerische Verwaltungsreform Valley zur selbstständigen Gemeinde. 1821 kam das Schloss in den Besitz des Grafengeschlechts Arco, aus deren Linie Leutnant Anton Graf Arco auf Valley stammt, der 1919 Bayerns ersten Ministerpräsidenten Kurt Eisner erschoss.

Heute ist Valley ein Hort der Kultur. Altes und Neues Schloss bilden einen stillen Platz, gesäumt von Brauerei und Bräustüberl. Bedeutung erlangte das Alte Schloss durch den Autor Michael Ende, der hier von 1965 bis 1971 lebte und seinen Roman *Momo* verfasste. Außerdem soll ihn der verwunschene Dachboden des Schlosses inspiriert haben, *Die unendliche Geschichte* zu schreiben. Nach Michael Ende nutzte der Restaurator Sixtus Lampl das Alte Schloss, um ein Orgelmuseum aufzubauen. Es deckt mittlerweile das gesamte Spektrum des Orgelbaus ab, von der kleinsten Tischorgel bis zur raumfüllenden Kirchenorgel. Sixtus Lampl führt gern durch sein Museum, das sogar um eine Zollingerhalle erweitert wurde, und erklärt jedes Instrument mit großer Empathie.

Damit nicht genug: Seit 1630 liegt auf Valley ein Braurecht. Jahrhundertelang wurde es genutzt, doch 1994 kam die Produktion zum Erliegen. Nun greift das *Valleyer Schloss Bräu* die Tradition wieder auf. 3.000 Hektoliter Helles und Zwickelbier werden jährlich ausgestoßen, vor allem aber ist das *Valleyer Schloss Bräu* eine Erlebnisbrauerei mit Führungen und Bierseminar. Geschichte bleibt in Valley vielfältig präsent.

SB

Durchstreifen Sie das Goldene Tal – von Hügeln und Wäldern schützend umgeben sorgt ein fruchtbarer Boden für reiche Ernten, und allüberall lässt sich gut einkehren.

Ungewöhnliche Wetter-station am Berggasthof Taubenberg

Taubenberg mit Berggasthof
Taubenberg 1
83627 Warngau
08020 1705
www.taubenberg.de

Wirtshaus Gotzinger Trommel
Gotzing 1
83629 Weyarn
08020 1728
www.gotzinger-trommel.de

IDYLL MIT STALLGERUCH

Taubenberg mit Berggasthof

Auf dem Taubenberg scheint die Zeit stehen zu bleiben. Alles ist unverbaut, denn der Taubenberg gehört größtenteils zum Wasserschutzgebiet der Stadt München. Alles ist weit weg, hier kreuzen sich Rad- und Wanderwege, der Blick schweift über Täler hinweg zur Alpenkette. Dabei ist der Taubenberg nicht hoch. 896 Meter reichen, um ins Land zu schauen. Ihn krönt ein Aussichtsturm, darunter liegt die Wallfahrtskapelle Nüchternbrunn und nicht weit davon entfernt der Berggasthof Taubenberg. Dort liegt der Schlüssel für den Aussichtsturm, was jedoch nur ein Grund ist, den Berggasthof aufzusuchen.

Schließlich ist dort zu verweilen ein außergewöhnlicher Genuss. Zur Speisekarte zählen hausgemachte Torten und Kuchen aus frischem Obst, Spezialitäten aus Früchten und Kräutern, selbstgeräucherter Schinken und Rohwürste aus eigener Wurstküche, vegetarische und vegane Gerichte sowie gutes Fleisch aus dem eigenen landwirtschaftlichen Betrieb. Der ist biozertifiziert nach den Richtlinien des Naturland-Verbandes – und das ist gut so. Doch damit nicht genug. Der Berggasthof Taubenberg ist zugleich ein Wohlfühlort mit Naturbezug. Tiere sind hier selbstverständlich. Sie grasen auf den Wiesen oder streichen auf dem Hof herum – ein Idyll mit Stallgeruch. Abwechslung bereiten ein Barfußweg und ein großer Kinderspielplatz, und das bei jedem Wetter, wie eine bayerische Wetterstation beweist. Die besteht aus einem Stein und ist besser als jeder Wetterbericht. Da steht geschrieben: Ist der Stein nass, regnet es, ist er trocken, regnet es nicht, schaukelt er, gibt es Wind, rumpelt er, gibt es Erdbeben, wirft der Stein Schatten, scheint die Sonne, ist er weiß, liegt Schnee. Auf gut bayerisch: Das Wetter ist, wie es ist. Dieser Gleichmut entspricht der grundsätzlichen Lebenseinstellung in Bayern – und die lässt sich auf dem Taubenberg gut entdecken.

SB

Die *Gotzinger Trommel* am Fuß des Taubenbergs ist ein urwüchsiges Gasthaus, dessen Wirt sich als Sprachpfleger des bayerischen Dialekts versteht, inklusive bayerischer Speisekarte und Kulturprogramm.

87

M-Wasserweg entlang der Mangfall
Start: Kirche St. Jakobus Gotzing
83629 Weyarn
Info: www.swm.de (Stadtwerke München)

Kamelhof Bayern-Kamele
Rosenheimer Straße
83626 Grub
08063 9966
www.bayern-kamele.de

EIN GESCHENK DER NATUR
M-Wasserweg entlang der Mangfall

Manchmal liegt das Wertvolle nicht vor Augen, sondern unterhalb der Oberfläche. Dazu zählt das Trinkwasser der bayerischen Landeshauptstadt München. Ihr kostbares Gut bezieht die Stadt aus dem Loisachtal sowie entlang der Mangfall aus zahlreichen Tiefbrunnen, weshalb vor allem das Gebiet zwischen Weyarn und Warngau streng geschützt wird. Es darf nichts mehr verdichtet und Landbau nur noch ökologisch betrieben werden – dort ist Natur ein einziges Idyll.

Mitten hindurch führt ein Wasserweg der Münchner Stadtwerke. Dessen südlichster Punkt liegt in Gmund, der nördlichste am Deutschen Museum in München. Je nach Route ist der Wasserweg zwischen 39 und 82 Kilometer lang, er kann in Etappen erwandert und geradelt werden. Ein guter Einstieg für die Erkundung des Mangfallschutzgebiets ist links und rechts der Gotzinger Kirche St. Jakobus.

In der Regel ist der Wasserweg asphaltiert, manchmal aber geht es auch auf Feld- und Waldwegen durchs Gelände. Wer wandert, braucht gute Schuhe, wer radelt, ein geländegängiges Fahrrad. So oder so, der Wasserweg ist gut beschildert. Außerdem erklären rund 20 Schautafeln die verschiedenen Transportleitungen und Bauwerke im Mangfallgebiet, darunter die Trinkwassergewinnungsanlage im Wasserschloss Reisach, zwischen 1902 und 1913 erbaut. Tief im Grundwasser liegen dort Kanäle, die das Wasser sammeln und nach München leiten. Eine weitere Station ist der Spiralschacht Thalham, der dem unterirdischen Wasserverlauf seine Richtung gibt und oberirdisch ein lauschiger Ort für Pausen ist.

Überall am Rand des Wasserwegs liegen gute Einkehrmöglichkeiten und Ladestationen für E-Bikes. Das macht ihn für alle nutzbar. Ob geruhsam oder sportlich, der Wasserweg führt durch unberührte Landschaft und zollt einem Geschenk der Natur erlebte Wertschätzung.

SB

Wer nicht wandern oder radeln will, kann in Grub, einem Ortsteil der Gemeinde Valley, auf Kamele umsteigen – vom dortigen Kamelhof ziehen Karawanen quer durchs weite Land.

88

**Figuren in der Pfarrkirche
St. Peter und Paul**
Ignaz-Günther-Straße 7
83629 Weyarn
08020 9056110 (Pfarrbüro)
www.erzbistum-
muenchen.de

EINFÜHLSAMES SCHAUSPIEL
Figuren in der Pfarrkirche St. Peter und Paul

Als Graf Sigebotus von Neuburg-Falkenstein sein Schloss Viare hoch über der Mangfall im Jahr 1133 dem Salzburger Erzbischof unter der Auflage vermachte, dort ein Augustinerchorherrenstift zu errichten, da ließ sich dessen zukünftige Geschichte nicht überblicken. Zahlreiche Brände, die Säkularisation, Veräußerungen und Teilabrisse ließen die Anlage schrumpfen. Aus früheren Zeiten sind nur noch die Jakobskapelle, Reste des Klosters und die Ende des 17. Jahrhunderts von Lorenz Sciasca erbaute Barockkirche erhalten. Dort allerdings ist der kunsthistorische Fundus überwältigend.

Kein Geringerer als Johann Baptist Zimmermann (1680–1758) stattete die Wandpfeileranlage mit Fresken und Stuckaturen aus, der Bildhauer Ignaz Günther (1725–1775) schuf für die Kirche elegisch schöne Bildwerke, darunter die Schnitzgruppen der Verkündigung, die Beweinung Christi und die Immaculata. Auch das in Silber gefasste Tabernakel mit seinen Ornamenten, Draperien und Putten stammt von Ignaz Günther. Die einzelnen Werke erstrahlen im Glanz des Rokoko. Ihr Ausdruck ist kunstvoll erhaben, ja vornehm. Jede Form ist fließend weich, fast schon musikalisch, die bildnerische Atmosphäre intim in ihrer stofflichen Charakterisierung und zarten Farbgebung. Immer wieder unterbinden einschwebende Putten die mögliche Schwere eines Bildwerks. Deren Gesichtszüge sind von unberührter Feinheit, detailliert und facettiert im engelsgleichen Impetus. Fast schon in sich gekehrt und ohne Ingrimm oder Drohung beweinen sie in einer Pieta den Tod Christi. Die Bildwerke und Putten von Ignaz Günther, wie sie die heutige Pfarrkirche St. Peter und Paul bereichern, sind Boten eines angstfreien Glaubens und gleichzeitig Protagonisten eines göttlich einfühlsamen Schauspiels.

SB

Durchstreifen Sie Weyarn. Bis zuletzt förderte der Ort die Läden und Berufe im Dorf und belebte alte Pfade und Kulturen. Heute gibt es einen Supermarkt, aber sorgsam gewachsene Strukturen sind geblieben.

DIE NEUEN

Lieblingsplätze

Lieblingsplätze
SCHWARZWALD

ISBN 978-3-8392-2628-5

Lieblingsplätze
CHIEMGAU

ISBN 978-3-8392-2614-8

Lieblingsplätze
DONAU
PASSAU — WIEN

ISBN 978-3-8392-2615-5

Lieblingsplätze
OBERFRANKEN

ISBN 978-3-8392-2621-6

Lieblingsplätze
IN UND UM PASSAU

ISBN 978-3-8392-2618-6

Lieblingsplätze
REGENSBURG
UND OBERPFALZ

ISBN 978-3-8392-2623-0

Lieblingsplätze
TÖLZER LAND —
TEGERNSEE — SCHLIERSEE

ISBN 978-3-8392-2630-8

Lieblingsplätze
SAUERLAND

ISBN 978-3-8392-2627-8

Lieblingsplätze
VON DER EIFEL
BIS IN DIE ARDENNEN

ISBN 978-3-8392-2632-2

Lieblingsplätze
FRANKFURT
AM MAIN

ISBN 978-3-8392-2617-9

Lieblingsplätze
KASSEL UND
NORDHESSEN

ISBN 978-3-8392-2619-3

Lieblingsplätze
VON KOBLENZ
ZU RHEIN UND MOSEL

ISBN 978-3-8392-2633-9

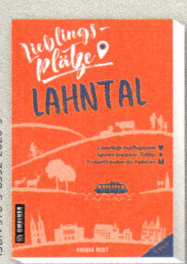

Lieblings-plätze
LAHNTAL

ISBN 978-3-8392-2632-2

Lieblings-plätze
ROMANTISCHER RHEIN
BINGEN — BONN

ISBN 978-3-8392-2405-2

Lieblings-plätze
RHEINHESSEN
KULINARISCH

ISBN 978-3-8392-2611-7

Lieblings-plätze
VOGELSBERG UND
WETTERAU

ISBN 978-3-8392-2631-5

Lieblings-plätze
BERLIN
NACHHALTIG

ISBN 978-3-8392-2636-0

Lieblings-plätze
SPREEWALD

ISBN 978-3-8392-2629-2

Lieblings-plätze
RUND UM DRESDEN

ISBN 978-3-8392-2624-7

Lieblings-plätze
RUND UM KIEL

ISBN 978-3-8392-2625-4

Lieblings-plätze
ZWISCHEN NORD-
UND OSTSEE

ISBN 978-3-8392-2623-0

Lieblings-plätze
OSTFRIESISCHE
INSELN

ISBN 978-3-8392-2622-3

Lieblings-plätze
WESERMARSCH
UND UMZU

ISBN 978-3-8392-2634-6

Lieblings-plätze
WEINVIERTEL

ISBN 978-3-8392-2545-5

Lieblings-plätze
BERN

ISBN 978-3-8392-2626-1

Lieblings-plätze
ENGADIN

ISBN 978-3-8392-2616-2

KRIMIS AUS DER REGION

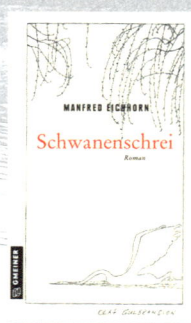

Buchenberger,
Bluadsbagage
978-3-8392-2565-3

Eichhorn,
Schwanenschrei
978-3-8392-2335-3

Schröfl,
**Weißbier-
Requiem**
978-3-8392-2602-5

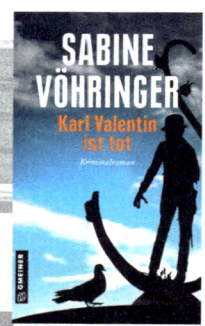

Thomas,
**Tod am
Tegernsee**
978-3-8392-2447-2

von Wilk,
Leberkäs-Porno
978-3-8392-2435-9

Vöhringer,
**Karl Valentin
ist tot**
978-3-8392-2578-3

GMEINER SPANNUNG

WWW.GMEINER-VERLAG.D
Wir machen's spannen